逆势突围

56位管理学家建言

主编◎王方华　席酉民

中国人民大学出版社

· 北京 ·

推荐序一

传染病防治的基本原则是：阻断传染源。该收治尽收治，该隔离尽隔离。但武汉已精疲力竭：缺人、缺钱、缺资源，还缺果断决策。

“方舱”是战地创伤医院，移植于传染病防治，恐患者、医护人员有交叉感染之虞。应征用武汉及周边城市待售或已完成建安工程的住宅小区，一个小区十几万平方米抵得上五六个火神山医院。

武汉不保，全国难保。兄弟省市分包一个小区，包人、包钱、包资源、包管控，事在人为，曙光在前。要总结教训，规避黑格尔的“咒语”：人类总是不断重蹈历史覆辙。

郭重庆

推荐序二

岁末年初，一场突如其来的公共卫生事件席卷华夏大地，中国人民众志成城、守望相助，与新冠肺炎病毒展开了一场新时代的人民战“疫”。在这场抗击疫情的斗争中，上至党和国家，下至基层民众，上下齐心，坚决依法科学防控、精准科学施策，为赢得疫情防控的最后胜利而努力！

在此非常时期，一批优秀的中国管理学界教授本着实事求是的精神，积极行动起来，立言求真，立行求实，科学研判，深刻解读，努力成为党和国家的“智囊团”、企业施策的“参谋部”，为中国管理的提升和进步提供真知灼见。从他们身上，可以看到当代中国管理学者的优秀品质，那就是永远将国家利益、人民群众的生命安全和身体健康放在第一位，以帮助和支持企业应对疫情为己任，履行作为中国管理学家的社会责任。

需要看到，这场疫情斗争是异常复杂和异常胶着的，是一场与看不见的敌人之间开展的没有硝烟的战争。这场斗争涉及面非常广，从湖北到全国，不仅是特大公共卫生事件，还是社会治理、政府治理、公司治理问题的综合反映，是社会心态、人际交往、生活习俗、工作环境、办事准则等一系列问题的集中表现。在这场人民战“疫”中，我们既有成绩，也有不足，可喜的是，这群优秀的管理学家充分发挥各自所学，在短时间内深入思考，为党和国家、政府部门、企业的各项工作提供大量的建议和思路。他们认真、负责、积极的态度是值得肯定和赞赏的。鉴于此，我郑重推荐本书，相信各位读者能够从中得出自己的独立判断和思考，并运用于各项管理工作中。

邓荣霖

前 言

新冠病毒突然袭来，因看不见、摸不着、传染途径不明，加上人群快速移动，感染和蔓延防不胜防，迅速酿成重大疫情，人们的危机感、焦虑感不断发酵，铺天盖地的杂乱信息进一步加剧了人们对（小概率）感染的恐慌，也诱发了哄抢口罩、相关药品、防护物资和食品，以及不法分子趁火打劫、造假、哄抬物价等现象。如何尽快消除恐慌，帮助人们冷静、理性、有效配合各级政府采取的各种措施，以尽快控制和阻断病毒的蔓延？政府如何借鉴非典防控经验，根据此次疫情新情况迅速完善和提升重大疫情防控协同体系？企业如何面对疫情及带来的巨大挑战甚至是危机？中小企业怎样渡过难关？政府如何给予帮助？特别是当世界卫生组织（WHO）2020 年 1 月 30 日宣布新冠肺炎疫情构成“国际关注的突发公共卫生事件”（PHEIC）后，美国暂时禁止过去 14 天内到过中国的外国人入境，许多国家中断往来中国的航线，更严重的是，美国等国家将中国旅行预警级别升至最高的四级，警告其公民不要前往中国或马上离开中国，疫情不仅可能阻滞中国经济发展，也可能引起世界经济衰退。中美贸易战、英国脱欧、单边主义和民粹主义等因素使全球发展环境恶化，各国应对风险的能力降低。政府如何在危机中均衡抗疫与发展的关系？如何在世界经历百年未有之大变局下，处理各种矛盾和快速恢复经济社会秩序？

众志成城、打赢抗疫这场人民战争，既需要政府强大的集中力量，也需要社会各界的积极行动和协同配合，更需要各方的专长、建议和智慧。

中国管理50人是一群自愿走到一起的管理学者，他们大多是各类组织的执行者、学术研究的带头人、学界活动的中坚。面对疫情的挑战，自然责无旁贷，希望以自己的专业、学识、研究、经验和智慧，建言献策。

因情况紧急，我们邀请他们中的相关学者，分别就“中国企业如何应对突如其来的疫情”“为中小企业渡过疫情难关支招”“突发疫情下的政府治理”三大话题贡献智慧①。

针对第一个话题，在国内经济增速放缓、产业结构升级调整、国际政治经济环境飘忽不定的关键期，16位管理学家就企业应如何闯过难关，如何提高自身的“免疫力”；疫情过后，企业如何实现“重新上路”甚至“在发展上实现飞跃”等问题发表意见。

针对第二个话题，19位管理学家就中小企业如何逆势而上，突破疫情重压；如何在疫情中存活下来；又如何化“危”为“机”、转危为安发表了各自的见解。

针对第三个话题，17位管理学者认为，疫情在极短时间

① 本书是在这三大话题所有参与者丰富其观点的基础上，另外又邀请了多位管理学家撰写文章，个别管理学家还撰写了多篇，因此本书内容更加丰富，参与者更多。

内对我国政府治理能力提出了极高要求，能不能战胜疫情在很大程度上依赖于政府的治理能力。与2003年非典疫情相比，我国政府在应对措施、统筹能力、响应速度等方面进步很大。但在此役中也暴露出政府治理中的短板和不足。于是，大家就我国重大疫情应对协同体系的建设、政府治理的效能、应急事件的预警、舆论体系的透明和有效引导等发表了各自的观点。

我们相继在中国管理50人微信公众号上发表了以上讨论，受到了广泛关注。为了更系统地呈现大家的真知灼见，中国人民大学出版社决定特事特办，邀请所有参与者进一步丰富其观点并集结出版，以助抗疫，同时帮助我国经济社会更好地应对危机和渡过难关，实现更有效的持续发展。在此，我们真诚感谢管理学者的积极参与，感谢中国人民大学出版社的快速响应，特别要感谢李文重编辑辛勤和高效的工作。

时间紧迫，准备仓促，其中观点和建议的疏漏在所难免，但只要能对社会有所警醒、能引发对有关问题的关注、能对实践有所帮助、能给疫情后的发展和建设有所启示，我们就心满意足了。抗疫进入攻坚阶段，疫后发展恢复更具挑战，我们会继续努力，尽到管理学者应有的社会责任。

敬请读者批评指正。如有不同观点或评论，欢迎及时发给我们，邮件地址是：fhwang@sjtu.edu.cn 和 youmin.xi@xjtlu.edu.cn。

上海交通大学　王方华教授

西交利物浦大学　席酉民教授

目　录

思辨篇

治理篇

管理篇

对策篇

思辨篇

化疫情为突破性创新的跳板

——危机应对中的创新思考和行动

席西民

西安交通大学管理学教授、博士生导师，西交利物浦大学执行校长，英国利物浦大学副校长，陕西MBA学院常务副院长。于1987年创立了和谐理论，并将其扩展成和谐管理理论。主要研究领域：战略管理及政策分析、决策与决策支持系统、管理行为与领导理论等。

世事无常，无论政府、企业、各类组织还是个人，一定要学会给自己留有余地以应对不测事件。此次新冠肺炎疫情首先直接影响每个人的生活，影响企业、组织的正常经营，甚或摧毁资金和资源上绷得太紧的企业和组织，摧残受疫情正面冲击或潜藏问题严重的企业和组织，给中国社会甚至世界经济产生巨大压力，挑战着国家和各级政府应对危机的能力。其次，疫情的巨大影响和抗疫压力会迫使人们改变很多陈规陋习、传统的生活方式、政府和机构的运行模式，从而诱发商业模式、行业结构、政府管理、社会治理的调整。最后，病毒超越国家边界的蔓延，还会影响国家的共处关系，进而改变中国人、组织、企业和中国及其经济社会的国际生存和经营环境。然而，危机往往是孕育创新和变不可能为可能的机会。所以，当下也是个人、各类组织和企业、各级政府和国家面对危机和新形势，大胆创新和部署未来变革的难得机遇。

创新可分为渐进式创新和突破性创新。前者通过不断的、渐进的、连续的改进，实现创新的目的。后者常常需要打破陈规、改变传统、升级范式、大步跃进，实现创新和升级的目的。在常态下，一般会采取渐进式创新。但在危机面前，因为前所未有的影响、崭新的对手、独特的生存环境、结构性的改变，往往需要也会刺激突破性创新。因迫在眉睫的压力，人们众志成城，相对容易克服惯性和各种阻力，实现行为、规则和范式的升级。谁都不想遭遇危机，但当不得不面对危机的时候，惊慌失措、焦虑不安无助于问题的解决，反而冷静、理性、智慧行动可帮我们借机经由突破性创新而成长和升级。具体来讲，国家和政府、企业和各级组织、每个人都有突破性创新的机遇和空间。

首先，从国家和政府层面讲，可以在如下方面进行突破性创新：

（1）通过治理体系的突破性创新，助推我国危机应对协同体系的构建。具体来讲，就是在建设我国法治体系的治理结构时，注意权力、市场、网络三种治理机制的协同，特别要重视市场和网络治理，以释放各种社会力量的活力和能动性。

（2）利用大数据、AI（人工智能）和区块链等技术，突破性创新适应公众社会环境的新型社会舆论体系，增加其透明度，重建社会信任，激发社会动能的涌现和协同。

（3）利用生态和网络组织技术，突破性创新和升级民主集中制，在发挥集中领导的效率的同时，营造包容和宽松的社会环境和行政体系，赋能各级决策者，释放他们的能动性和应变力，升级社会应对危机的快速响应能力。

其次，从企业和组织角度讲，可尝试进行如下突破性创新：

（1）面向未来社会趋势和需求，关注范式转移和新业态的涌现，大胆构想未来社会新形态，如危机过后行业结构的调整、老龄化社会新的产业机会的萌生等，主动推进产业转型和升级，孕育和引领新的行业和产业发展。

（2）数字与智能技术正在颠覆不少传统的商业模式，刺激和孕育许多奇特行业和业态的涌现，在这样的环境下，各类企业和组织商业模式的突破性创新能力就成为应急和在未来社会制胜的法宝之一。

（3）创造性地以网络、数字、智能和5G等技术为基础，突破传统和陋习的约束，创新性地构建新商业模式运行的支撑体系，包括平台、生态、网络组织等。

最后，对于各级领导和个人来讲，也可通过突破性创新持续升级：

（1）从当下心智模式升级为复杂心智模式。疫情对于每个人来说不仅是试金石也是磨刀石，抗疫过程可以淬炼各类管理者的领导力，改变他们的心智模式。人们要积极主动地将习惯于常态的心智模式转换为适应高度复杂性和不确定性的心智模式，这有利于领导各级组织或帮助自己在日益全球化的复杂不确定环境下更有竞争力和生存能力。

（2）强化企业家精神的培养，养成敢于突破和创新的习惯。越是动荡不安的世界、复杂和不确定的环境，越需要敢于创新和勇于担当的企业家精神、能够组织和带领大家在摸索中前行的领导力。尽管事业发展同时需要领导的企业家精神和管理才能，但在危机中，企业家精神的作用和价值更为关键。只有敢于突破和创新，不断提升自己的领导力，才能应对日益复杂和不确定的世界及事业长远发展的挑战。

（3）不断提升自身的终生学习、创新和创业能力。在快速涌现的新技术的催生下，所有国家、政府、企业、组织和个人似乎都在寻求突破性创新。这虽然会促进社会发展、新技术涌现，但也使我们的生存环境变化更快且不确定，并处于不断的迭代和升级中，这极大地增加了生存难度。这次危机就给人们敲响了一记警钟，我们只有利用强大的终生学习和持续创新能力才能赢得更好的生活。

暴雨过后，终见彩虹。无论国家、政府、企业和组织还是个人，赶快行动起来吧！让我们做能预见彩虹的先行者，而不是凑热闹的看客，适时、大胆地突破性创新，渡过难关、赢得未来。如尼采所言：那些杀不死你的，会把你锻造得更强大！

危难之中方见企业家本色

王方华

上海交通大学教授、博士生导师，上海交通大学校长特别顾问，上海管理科学学会理事长，《上海管理科学》杂志社社长及主编。曾任上海交通大学安泰经济与管理学院院长。研究方向：市场营销、企业战略管理、企业发展理论。

这场突如其来的公共卫生事件对中国企业家来说，是见英雄本色的时候。

中国经济正处于结构调整、产业升级的关键时期，企业刚刚度过内外部压力巨大、非常艰难的2019年。岁末年初，一场新冠肺炎疫情打了中国各类企业一个措手不及，一切都乱了。企业不能正常运营，企业需要的物资不能及时到位，企业正常的用工受到了限制，最要命的是，企业运营的资金链有可能断裂，中小微企业更是雪上加霜、难以为继。作为企业领导人和主心骨的企业家，也面临着极大的挑战和考验。

一场不期而遇的大洗牌残酷地出现在企业面前，这正是企业家发挥特殊作用的时候。他们需要坚定、坚决、坚持、坚韧、坚毅，充分发挥企业家精神，带领大家渡过难关，走出困境，逆势突围。

首先，要把“危”看成“机”。一定要找到企业发展的突破口。历史告诉我们，许多伟大的企业都是在大危机中发现偶然出现的机会，逆势而上取得成功的。美国20世纪30年代经济大萧条以后，冒出了许多现代制造业新公司，带来了一波长达10年的大发展，奠定了美国作为世界经济霸主的地位。1997年爆发全球金融危机后，一大批互联网企业出现了，成为美国经济发展的新引擎，不仅调整了经济结构，而且带动了产业升级，美国获得了又一次大发展。在这两次危机中诞生了美国企业家群体，他们成为美国经济中特别重要的力量。我国2003年非典以后，马云、马化腾、李彦宏等一大批企业家也是抓住了“危”中出现的“机”，逆势飞扬，成功崛起，中国现代意义上的企业家群体由此诞生。这种看破“危”、发现“机”，不是碰运气，而是靠智慧、眼光、胆识以及企业家精神。这次疫情给予中国企业家极大的考验，也给予他们表现自己的舞台。一定会有一批新的企业家涌现出来，他们可以大有作为，创一番新事业。

其次，要把“机”转为“势”。重新调整组织结构，起用新的关键人才，推出具有核心竞争力的商业模式，确立企业市场优势。在正常发展时期，有些东西很难下决心改变，许多因素制约了企业创新发展的道路。这场突如其来的危机，让我们看到了“危”中有“机”，更让我们有了改变现状、突破瓶颈的勇气。有了“机”，就有了方向；有了“势”，才会有成功的可能。这种“势”需要企业家有胆识，有破釜沉舟的决心。必须改变路径依赖，摆脱人事困境，要形成新的商业模式，凸显企业家精神、能力、风格。这是最好的契机，此时不为，更待何时？

最后，要把“势”变成“行”。在逆势突围中行动比宣言重要一百倍。企业家要身体力行，抗得住、压不垮、拖不烂，在这个特殊时期，企业之间比的是耐力和韧性。“势”强固然可贵，“行”快更为必要。在这个时候，特别需要战略执行力，也就是企业上下对战略认识、理解、行动的能力。“势”高力沉冲力足，“行”快心齐如破竹。见了便做，做了便了，了了无不了。

总之我认为，这场危机是激发、推动形成企业家精神的一个极佳机会。中国需要企业家，中国经济的发展需要企业家。逆势突围，带领企业成功崛起，方见企业家本色。

在疫情中找到不确定性与确定性的平衡

陈春花

北京大学王宽诚讲席教授，国家发展研究院 BiMBA 院长。研究领域：数字化时代组织管理创新研究、中国领先企业研究。

2020 年春节期间，新冠肺炎疫情迅速向全国蔓延，当地时间 1 月 30 日世界卫生组织宣布为“国际关注的突发公共卫生事件”（PHEIC）。全国上下共同抗击疫情，采取了多项防控措施。

疫情对经济的影响，很多专家都给出了预判。恒大研究院的报告指出，从宏观的视角看，需求和生产骤降，会给投资、消费、出口带来明显的冲击，短期内会导致失业上升和物价上涨。从中观行业的视角看，餐饮、旅游、电影、交通运输、教育培训等行业受到的冲击最大，医药医疗、在线游戏等行业受益。从微观个体的视角看，民企、小微企业、农民工等损失更大。

一方面，要承认疫情对中国经济产生巨大影响，需要承受经济下行的压力；另一方面，也要清醒地认识到中国经济的基本面还是会保持增长。这是对疫情下经济的基本判断，在这样的背景之下，企业该如何面对呢?

身处不同的行业，企业面对的情况会有所不同，我想就共性的部分给出自己一些想法，供大家参考。

一、学会与疫情下的不确定性共处

虽然疫情已经发生了一段时间，但是从传播的各种信息来看，我们并未做好与疫情带来的不确定性共处的准备。人们总是期待有一个明确的专业判断，有一个时间节点，有一个明确的解决方案。但事实上，疫情持续的时间和政策的对冲力度都将带来不确定性。1 月 30 日之前，我们还仅仅认为这是中国自己的事情，而在这一天之后就成为全球的公共事件，由此会带来什么样的影响，在更大范围上具有不确定性。

疫情下的不确定性会持续发生，我们不仅需要直面它的勇气，更需要认知它、与它共处的能力。如何做到这一点，核心是改变自己；亦即，我们需要将疫情下的不确定性变为经营背景，我们不再在原有的熟悉的经营环境下展开经营活动，要用新的方式去理解当下的情况。

我非常推崇马克思的一句名言：哲学家们只是用不同的方式解释世界，而问题在于改变世界。深受其影响，在危机来临的时候，我开始强调人的作用，重视人的主观努力，强调企业自身的能力，而非环境的约束。只有这样，才可以真正与不确定性相处，与动荡的世界相处。

二、坚定自我发展的信心

疫情带来的影响的确让人焦虑，甚至有些灰心。我知道经营企业很苦，但是如果环境成为一种经营条件，那么我们需要面对的不仅是环境，还有自身的调整。

坚信企业发展才是最重要的，企业自我成长不要受环境的影响。在2008年全球金融危机来临的时候，我写过一本书——《冬天的作为》，在开篇中我写道：增长是一种理念，并以这样的理念来指导它们的行动。

我是做领先企业研究的，在对有着超过100年历史的公司的研究中，我发现这些企业的领导者及其领导的公司可能处在良性的环境中，也可能处在充满危机的环境中；可能处在一个高增长的领域，也可能处在陷入停滞的行业。但是，这些领导者及其领导的公司经过艰苦努力，取得了同行无法比拟的增长，年复一年，不管经济是处在繁荣阶段还是处在衰退时期，保持增长都是他们坚定不移的信念。

三、进化应对而非预测判断

这几天不断有企业界的朋友通过微信问我，如何看待疫情对经济的影响？如何理解专家对疫情发展的判断？每每被问到这类问题，我也反问自己。我们力求得到答案，期待在明确的判断下做出选择。但是我知道，每个人的答案是不同的，也无法给出明确的答案，给不出明确的答案才是答案本身。

在一个持续变化的环境里，没有人能够预测并借由预测做出判断和选择，在这种情况下，正确的做法就是朝着特定的方向，做好一次又一次调整自己的准备，并努力在前进过程中不断验证和改变，以适应不断变化的现实。在太多的不确定性市场中，持续而灵活的适应性是你必须要掌握的能力。

不断进化的承诺是一个来自古老军事战略的版本。卡尔·冯·克劳塞维茨（Carl Von Clausewitz）在其名著《战争论》中写道："战争中充满不确定性，战争中四分之三的行动都或多或少处在不确定的迷雾当中。"在他看来，审慎的战争策略就是针对敌军状况相应筹建一支军队，朝着一个特定的方向，不断因应变化而做出调整，从而提升成功的概率。

春节假期延长，复工后如何应对疫情，需要企业动态去应对。很多企业已经采取灵活有效的工作方式，一些企业开启在线工作模式，一些企业让员工在虚拟小组中学习。我想，这些企业如果充分利用好这段特殊的工作时间，也许会带来不一样的能力提升效果。

四、挑战极限式地降低成本

2019 年，很多企业有了自我调整发展模式、转型业务及增长方式。在今天的疫情之下，我们需要有更强的危机意识，更坚定地开展自我救赎之旅，缩减费用，剥离不良业务，杜绝亏损及没有质量的增长，确保现金流，同时要确保竞争力。做到这一点的关键是，挑战极限式地降低成本。

如何让企业具有真正的成本能力，如何让成本是对顾客价值的投入，而不是一种价值牺牲，我在过去的课程和研究中反复强调过，大家可以去找来看。但是这一次，我更强调挑战极限式地降低成本，尤其是对中小企业而言，根本的目的只有一个，就是保住现金流。

对于具有良好现金流的企业而言，我依然建议重构成本能力，因为应对不确定性是一种常态能力。我也希望有能力的企业在疫情背景下，在做“减法”的同时关注“加法”，也就是关注真正的顾客价值，并创造顾客价值。

当然在危机中依然需要非常清晰的方向判断、足够大的勇气、抵抗风险的能力，以及理性的决策。我们需要承认的是，如果能在危机中找到一个明确的方向并增加投入，那么所获得的增长将是无法估量的。在出现危机的时候，对业务结构做加减法，使得公司具有动态应对不确定性的更强的业务能力。一旦机会来临，更加合理的业务结构便能让企业有机会与其他企业拉开距离。

五、不确定的是环境，确定的是自己

在我写这篇文章的时候，疫情还在变化中，人们已经知道2020年第一季度的压力，也开始考虑疫情对第二季度的影响。人们开始关注春节后复工带来的压力，也在考虑复工之后如何恢复正常的工作。人们既坚持底线思维，积极参与防控，又启动恢复日常生活的准备。人们在理性面对疫情，做好自己的同时，也在期待政府拿出有效的政策，帮助武汉，帮助人民群众，帮助企业渡过难关。

疫情来得太突然，冲击太大，而信息传播不够及时以及真伪难辨，又导致很多复杂性，这一切让我们觉得困惑和不安。我们在面对这一切的同时，也要清醒地告诉自己，不确定的是环境，确定的是自己。

其实，人生际遇并不是由环境决定的，而是取决于思维的瞬间。所以，确定与不确定，在我看来是一个有机的组合，确定在我们的手上，不确定来自环境。如果我们把确定与不确定两者组合起来，我相信，这个不确定会是你的机遇，是你真正成长的来源。

六、结束语

我想用闻玉梅院士寄语武汉的六个字作为结束语：科学、参与、信任。她说：科学需要冷静、研究。参与就是大家参与、群众参与，参与就是首先做好自己。信任就是信任自己，信任医务人员，信任国家。

经此疫情危机，企业必须做出五个变革

陈春花

北京大学王宽诚讲席教授，国家发展研究院BiMBA院长。研究领域：数字化时代组织管理创新研究、中国领先企业研究。

对于任何人来说，环境都是一把双刃剑，很多人认为不好的因素，在另外一些人看来可能是好的因素。从客观的角度来说，此次武汉疫情的确是一个巨大的危机，但是也可以看到这样一种情况，危机使得市场格局被重新界定。对于可以利用这种格局的企业而言，危机也是一个新的契机。如果企业管理者真正理解危机带来的冲击，认知危机并做出彻底的改变，危机对改变的企业来说可能并不是坏事。

这次疫情对每个人、每个企业、整个国家都是一次考验，不仅考验响应速度，还考验整体协同能力、内在免疫力，以及在摆脱危机的同时平衡发展的能力。这次疫情危机也是一个加速淘汰和加速升级的过程，那些能升级自己、提升免疫力的企业，将会化危为机，成为强者。

如何把疫情危机变成自我变革升级的契机，企业需要在以下五个方面做出变革。

一、数字化变革：拥有数字化能力

这次疫情让很多人真切感受到在线模式的价值。在一个延长的春节假期中，人们要在线获得信息、交流、解决生活问题，甚至是调整自己的情绪与心境。

在整个疫情防控中，大数据与人工智能发挥着巨大的作用。疫情防控中腾讯联合微医、好大夫在线、企鹅杏仁、医联、丁香医生等五大互联网医疗服务平台，立即上线“疑似症状在线问诊”小程序，公众如果出现轻微的疑似症状，可先行在线上咨询医生，快速判断病情，这减少了线下接触，避免了交叉感染，提升了医疗资源利用效率。AI 算法使新冠病毒 RNA 分析时间从 55 分钟缩短到 27 秒，百度智能外呼平台用语音机器人代替人工，帮助政府、基层社区快速完成居民排查。

新冠肺炎疫情让很多行业遭遇冲击，同时也给一些行业带来全新的机遇。企业微信、钉钉等在线开放工作平台等，让千千万万的企业能够开展工作。当武汉封城，全国各地都在建议自我隔离、取消线下各种活动的时候，拥有线上平台的企业反而可以大展拳脚。一些不具备线上平台但是具有数字化能力的企业快速和平台对接，找到自己的机会。而那些没有数字化能力的企业在这段时间里完全束手无措。

如果面向数字化转型在新冠肺炎疫情之前对于很多企业还只是一个口号，我希望经此疫情，企业要真正动起来，让自己成为一家拥有数字化技术的公司，无论是商业模式还是组织运行模式，都变成数字化模式。

二、发展模式变革：共生价值成长

虽然互联网技术的普及使大部分中国企业意识到企业的发展模式改变了，但是大部分企业依然习惯于原有的发展模式，并未做出彻底变革。

企业固有的发展模式是在线性、可连续的条件下形成的，所以大部分企业习惯于按照行业经验、环境预测以及自有的核心优势安排企业的发展，由此形成的习惯是，在意规模增长，在意扩张，在意竞争，企业也习惯地认为，只有扩大投资才能获得规模。

但是，事实上，今天企业发展的环境变了，我们所处的环境不再是线性的、连续的，而是非线性的、非连续的，会出现断点，不确定性、不可预测、复杂性才是基本特征。在这样的环境下，发展模式不再是规模扩张，也不再是行业成员之间的竞争，企业甚至不知道对手是谁，扩大投资也不再能直接获得规模。

我在研究中一直强调，在今天的技术环境下，企业发展模式要从竞争模式转向共生模式，要从规模增长转为价值增长，用创新驱动增长而不是投资驱动增长。在一个不确定的环境下，企业需要有双业务模式来与不确定性共处。对于今天的企业而言，关键是如何面对不确定性，如何创造价值空间，协同行业内外的合作伙伴，为顾客创造新的价值。在疫情中，盒马鲜生招其他歇业餐饮企业员工做临时工，是一个令人感动的举措，更是一个共生价值的举措，相信盒马鲜生在这个特殊时期会获得完全不同的发展。

三、组织管理模式变革：领导优于管理

由于新冠肺炎疫情涉及每个人，又发生在春节假期，所以其复杂性、不确定性不言而喻。而时间又不等人，防控疫情的难度以及挑战都无法估量，每个决策、每个选择都极其困难，这样的危机是对组织管理能力的巨大考验。我们从中既看到了混乱，也看到了有序；既看到了贻误战机，也看到了高效得力。究其背后的原因，是卓越的领导力带来了有序与高效，而一味在意管控与权限带来的则是混乱并导致贻误战机。

管理是让繁复的层级得以维持运营的主要方法，但在一个复杂、多变、灵捷的网络中，管理可能会成为阻碍力量。特别是如果只关注流程和权限，而不是面对变化来管理，所带来的负面影响是非常明显的，在甚至很多管理者成为解决危机的障碍的时候，我们需要依靠领导来获得组织的效能。领导是在一定条件下指引和影响个人或组织，以实现某种目标的行动过程。

在研究组织管理的过程中，管理与领导的差异一直是我所关注的话题。关注管理的人更多关注预算与计划、职责划分与权力界限，关注指令和流程，关注控制与问题。而关注领导的人更多关注方向与目标，关注如何联合组织成员，关注如何激励和鼓舞人们去实现目标。

经过这次疫情，我们需要反思在组织管理上的缺陷，需要反思为什么如此缺少具有领导力的管理者，更需要反思为什么这么多管理者只在意管理，在意流程和管控，在意自己的权力，而这些恰恰是无法应对危机的内在原因。

新技术带来的变化使得不确定性、复杂性和不可预测性成为今后环境的基本态。我们需要汲取这次疫情危机中组织管理的教训，变革传统的层级组织模式、封闭和僵化的组织状态，变革管理者画地为牢、管控为主的管理习惯，训练管理者具备领导力，真正发挥领导职能，让组织能够应对变化，让管理者能够引领和激励组织成员，让大家一起面对不确定性，克服障碍，取得更大的成长。只有真正变革传统的管理模式，组织才具有面对不确定性的能力。

四、工作方式变革：智能协同

就个体而言，这次疫情以一种极为特殊的方式改变了人们出行、沟通以及工作的方式，人们从开始的不适应，到想办法适应，到已经适应在线、独立、协同工作的模式。就组织而言，我们看到，具有协同工作平台、价值网络与价值伙伴成员的企业，比如腾讯、美的、阿里巴巴等能够在此次疫情中快速反应，高效行动，不仅在疫情防控中发挥着巨大作用，同时也在调整企业自身的应对措施中占有先机。

智能协同是企业今天需要具备的工作方式，因为这种新的工作方式可以让组织成员更有创造力并发挥作用；可以让企业动态应对变化；可以让企业在价值网络中与价值成员更高效地创造价值。

智能协同工作方式的核心是每一个体更加独立，同时协同更加便捷和高效，更多人在一个网络结构、群组之中，每一个工作单元的成员可以是灵活便捷的组合，组织成员可以同时在各种不同的组合之中，信息更加透明、对称，成员围绕着任务展开工作，而不是围绕着权力或者流程展开工作，这就要求企业对传统的办公模式进行彻底的变革。

智能协同工作方式的核心是精简组织结构，让组织成员可以更贴近顾客和价值伙伴成员，让企业与价值伙伴、顾客之间的边界融合，由此带来的是企业与价值伙伴成员更高效的协同合作，改变和重构价值链或者价值网的价值。这就要求企业对传统的、内化的组织结构进行彻底的变革。

五、公众沟通模式变革：私域流量的影响

这次疫情也许可以让大家感受到传播的力量，尤其是私域流量的影响力。微博等平台赋予你的流量就是公域流量，而微信公众号、朋友圈这种你可以基本把控的流量就是私域流量。

在疫情防控期间，大众最想得到的是信息透明、公开和

及时。但是各种信息满天飞，人们很难辨识，在这种情况下，人们更相信微信公众号、朋友圈所传递出来的信息，以至于腾讯及时上线“腾讯新闻较真平台”小程序，对各类疫情消息、焦点问题、防护措施等进行较真查证、核实辟谣。但是，人们还是不断在各种朋友圈、微信公众号中转发、传播、获取信息。

这次疫情中，信息传播导致恐慌、不安情绪蔓延，导致信息真伪难辨，很多工作无法有效、有序地展开。造成这种现象的原因之一，也许是没有充分认识私域流量的影响力。我们需要真正地认识到私域流量的影响力，增强企业与公众、顾客、社群沟通的能力。企业要真正转换传播沟通的方式，升级自己的认知，以及对新的媒介技术、传播技术的理解，确保自己跟上消费者变化以及技术变化的步伐。

事实上，在每一次危机中都会涌现出一批成功的企业。20世纪30年代美国经济大萧条时，IBM成功渡过危机的原因就是美国市场停滞，IBM为了让员工保有工作，不得不彻底改变自己，转战海外市场，因此成为一家全球性公司。1997年亚洲金融风暴中，三星获得重生，一跃成为世界电子品牌，就是因为三星做出彻底变革，“除了妻儿，一切皆变”的决心和行动让三星从危机中崛起。经历了2000年网络泡沫的腾讯和阿里巴巴，深知只有自己变革才能从逆境中崛起，事实也是如此，今天的腾讯和阿里巴巴已经成为全球市值排前十的中国企业。而一直以危机驱动成长的华为，更是不断变革自我，获得发展，如今已是全球通信领域的领导者。

我始终对那些经历了数次变革、渡过各种危机、保持旺盛生命力的企业充满敬意，从这些行业背景截然不同、个性迥异的公司中，我们很容易看到一个共同的重要特征：在危机中确定增长的信心，在危机中彻底地自我变革。

易卜生说："真正的强者，善于从顺境中找到阴影，从逆境中找到光亮，时时校准自己前进的目标。"愿我们面对疫情，在困境中找到光亮，战胜疫情，成为真正的强者；愿企业面对疫情，在逆境中找到光亮，变革自我，成为真正的强者。

面对疫情带来的冲击，我们如何进行管理变革？

赵曙明

南京大学人文社科资深教授、商学院名誉院长、博士生导师。兼任教育部高等学校工商管理类专业教学指导委员会副主任委员、中国管理研究国际学会第三届主席、中国管理现代化研究会副会长、江苏省人力资源学会会长。

针对新冠肺炎疫情对企业的影响，《哈佛商业评论》认为，强大的企业应该具备强大的感知和响应能力。[①] 在此次疫情中，如何提高企业的响应能力是个值得关注的问题。由于新型冠状病毒易传染、存在潜伏期，不少企业借助信息技术实现了远程办公，在保障企业运行的同时避免了员工的聚集。但更多的企业，尤其是中小企业，或出于行业特性，或出于传统的管理理念，将面对疫情带来的冲击。

① 疫情肆虐背后：明智的企业该怎么应对危机？https://mp.weixin.qq.com/s/a1BoSvIhwVzTuqBrKPRHQA.

由于中小型企业事关城镇就业率，因此在春节期间，各地政府就开始颁布政策救助中小企业。德鲁克（1999）在《21 世纪的管理挑战》中提及，“我们无法左右变革，我们只能走在变革前面”。疫情所导致的短时期经济动荡与部分市场的萧条，对企业而言既是威胁也是机会。在此背景下，如何进行管理模式的新探索是值得管理者和学者共同关注的问题。

在过去的管理模式下，员工以部门或团队的形式聚集在稳定的工作场所，接受企业的价值观培训和职业技能培训。稳定的工作场所在一定程度上确保了员工的工作积极性，集体培训的方式则降低了企业的培训成本。在当前的商业生态、技术环境下，已有企业果断进行自我变革，探索更有效的管理模式。信息技术的应用和终身学习的理念在此过程中至关重要。

一、基于信息技术的管理变革

德鲁克在《21 世纪的管理挑战》中认为，“信息革命不是一场技术、机械、技巧、软件或速度的革命，而是概念的革命”。受信息技术影响最深的不是企业决策，而是经营方式的变革。从当前来看，这种变革是持续且全面的。如何直面并参与这种变革对于政府、企业和个体都至关重要。

1. 推动关于信息体系的产业发展与人才培养

当前我国在 5G、云服务、物联网平台建设等领域的发展位于世界前列，出现以华为、腾讯等为代表的方案提供商。

在第十三个五年规划中，政府从构建信息网络、发展互联网产业体系、国家大数据战略和强化信息安全保障这四方面探讨了我国信息体系未来的发展方向。光明的前景离不开企业和科研工作者的奋斗，因此，以半导体设计、生产为代表的信息产业，依然需要国家政策和资金的长期扶植。一方面，在世界范围内吸引专家参与行业建设和技术研发；另一方面，在保证国家安全的前提下，约束政府权限，保证相关产业的自由经营。

在人才培养上，应当从学科建设和社会风气两方面进行推动。在学科建设上，注重与信息产业相关的配套学科建设，促进产学研融合；在社会风气上，虽然政府致力于推广“奋斗”的价值观，但不得不承认，崇尚个人享受、追求自利的风气在一些年轻人中依然盛行。信息产业的建设需要一大批实干家。因此，政府一方面需要保障从业者拥有公平的待遇，另一方面要从自身做起，崇尚奋斗和利他之心，树立为中国明天而努力的社会风气。

2. 加快建立基于信息平台的远程办公模式

远程办公的理念由来已久，或许是由于行业性质，或许是由于变革的惰性，少有企业进行远程办公的探索。当前，绝大多数企业采用的是朝九晚五的工作模式，特点为工作时间与工作地点固定，工作人员聚集。弹性工作制的出现使员工突破了固定工作时间的限制，其可行性在商业实践中已经被证实。基于信息平台的远程办公模式则突破了工作地点的限制，在获得批准的前提下，员工能够自由地选择工作地点和工作时间。对于企业而言，推广远程办公能够节省物业成本和管理成本，削弱“办公室政治”现象，提高办公资源的利用率；对于员工而言，参与远程办公能够节省路途时间，在降低生活成本的同时提高幸福感，有助于实现工作与家庭生活的平衡。

二、基于自我管理的变革

在当今社会，保持终身学习的态度，具备自我管理的艺术尤为重要。“人类对自我管理的需要，将掀起人类事务中的又一次革命”（德鲁克，1999）。如何推进自我管理？这需要政府、企业和个体的共同参与。

1. 建立政府引导下的共享型学习平台

无论是本次疫情还是我国正在经历的产业升级，对于许多劳动者而言都是一场冲击。在这场冲击下，以传统制造业为代表的一些技术含量低、劳动强度大的岗位逐步被机器人取代。如何应对这些冲击，一方面依赖于个体终身学习的态度，一方面依赖于政府的引导。建立共享型学习平台，能够降低劳动者获取职业知识的门槛，减少求职难度。需要关注的是，如何保持劳动者，甚至是受教育程度较低的劳动者的学习兴趣？如何提供再就业机会？如何将共享型学习平台与企业招聘平台相结合，使员工在求职前具备基础知识，也使企业的招聘质量更高。

2. 构建基于企业内网的定制化学习平台

对于企业而言，员工的学习分为正式学习和非正式学习。

正式学习源于诸如入职教育等培训课程，非正式学习则源于日常工作。正式学习面向范围广，但组织难度和成本较高；非正式学习面向范围小且随机。如何提高入职员工的专业性是不少企业关注的问题。以德勤为代表的企业与培训机构进行合作，搭建基于内网的学习平台，在降低培训成本的同时提高了培训效果。因此，构建基于企业内网的定制化学习平台是未来的趋势。基于学习平台，企业不仅能实时追踪员工的学习进度，而且能根据员工完成练习的情况评估学习效果。学习平台的建立降低了企业的组织成本，有利于利用员工的碎片化时间，同时员工能够根据自身的兴趣和学习进度选择课程。

3. 形成终身学习的态度，综合使用多个学习平台

如上文所述，面对疫情带来的冲击或职业生涯中的其他冲击，意识到每个人都需要进行自我管理，形成终身学习的态度尤为重要。虽然大部分企业，尤其是中小型企业不具备完整的学习渠道，甚至没有学习意识，但个体应当保持警醒，并意识到终身学习是自身能够控制的改善现状的唯一方式。“人必自助，而后人助”，大多数劳动者可能暂时无法接触到完善的职业学习体系，但当前已经存在诸如慕课之类的共享型学习平台。根据自身兴趣和职业发展规划，综合使用多个学习平台，有助于增加个体的专业知识，在长期平稳、短期波动的经济环境下，有助于个体拥有更好的生活环境，实现自我突破。

总之，在复杂环境背景下，我们要充分认识工作场景、工作方式、工作要求变化带来的深刻影响，在空间维度上处理好“平台与合作”的关系，在时间维度上处理好“学习与成长”的关系，在管理维度上处理好“个人与企业”的关系，最大限度减少疫情对企业生产的影响，为打赢疫情防控阻击战做出积极贡献。

应对新冠肺炎疫情的基本商业逻辑

——万变不离其宗，化危为机

毛基业

中国人民大学商学院院长，教授、博士生导师，教育部长江学者特聘教授。主要研究领域：传统企业的数字化转型与组织重构、大数据应用和IT外包管理。

这次新冠肺炎疫情会极大地放大中国企业近年来面临的转型升级压力和内部管理问题，带来前所未有的危机，如果应对不当，后果不堪设想。从长远看，疫情会加速企业转型和升级这个必然趋势，能够活下来甚至发展更好的企业必须更加敏捷、精细化和创新驱动。

然而，这个世界不存在适合所有企业的最佳危机应对策略，因为每个企业的情况各不相同。如果想找具体建议，中国人民大学彭剑锋教授的“疫情非常时期，给中小企业的64字活命方针”讲得非常好，给出了一系列具体且有价值和实操性的建议。尽管他是离中国企业最近的教授之一，但他也还是谦虚地表示“没有亲临第一线，提不出什么有价值的招”。因此，本文希望探讨的是面对汹涌而来的危机，企业的长短期应对策略的基本逻辑，或者是相对确定的方向。

从短期看，我的判断是，疫情期间企业的应对会是“八仙过海，各显神通”。这次疫情危机让我想起10多年前开始研究离岸软件外包行业，2008年全球金融危机爆发导致海外市场急剧萎缩，国内软件外包企业当时的应对从表面上看五花八门，但基本逻辑是基于内外部资源和企业自身能力的匹配。尽管这次疫情来得更加突然和猛烈，但应对的基本商业逻辑并没有本质变化。

根据管理学中的动态能力理论，企业的当务之急是做好三件事：充分感知环境，及时做出面向市场的决策，以及重新配置资源。这是多年来全世界企业实践经验的提炼，也是成百上千篇学术论文的共识。腾讯、阿里、字节跳动等互联网公司在抗疫救灾中已经表现出这些动态能力——本质上就是，感知环境与及时应对。

首先，企业领导必须尽量准确地感知环境、把握大势。这次疫情从目前发展情况看比2003年的非典严重多倍，防控举措也远超当年，持续时间可能更久。因此企业必须尽早做最困难的打算，准备好打持久战，至少有备无患。战胜疫情是此刻国家的头等大事，企业必须全力配合，尽量为防疫救灾做贡献，承担社会责任，构建良好的社会形象。例如，即便具备复工条件，也要严防死守做足防控，坚决防止企业出现群体感染事件，否则就会有灭顶之灾（至少短期封闭停工）。此刻企业家需要了解本地疫情和防控措施、各级政府的救助政策、疫情防控中涌现的新需求等，以便制定相应的策略。企业必须构建足够的环境感知能力和机制，否则误判形势会给企业带来灾难性后果。

其次，面对突发危机，企业必须能够及时做出面向市场的决策。快速反应是关键，因为最有价值的商机可能转瞬即逝。企业必须聚焦市场和客户，积极在疫情中寻找新的商机。例如，叮咚买菜的超级快速感知和响应能力已经发挥明显作用，1月23日武汉“封城”当天就安排100多位采购人员分赴各地采购新鲜食材。不仅老板和销售团队盯着外面，企业各部门更应该以客户为中心，全面加强市场导向。由于各地疫情不同，复工时间不一，很可能会造成企业的供应链断裂或订单取消，企业很可能因为关键原料不足而停工。因此企业应该尽早策划预案，应对的基本逻辑无非是开源和节流：对外加强与上下游伙伴的联系，形成生命共同体（甚至合资和兼并），确保自己的订单甚至份额不降反升；或者通过改变产品或服务来降低对短缺资源的依赖。后者需要更多的创新和实验，风险较大，但也是转型的契机，尤其是当企业在疫情之前已经开始考虑转型时。然而，无论采用哪个策略，企业内部都需要挖潜节流，例如有条件的尽量远程在家办公等，以最大限度保障现金流。

最后，重新配置资源。这涉及根据新的战略和目标，设计对应的新的组织架构和重新配置有限的资源。企业需要做困难的取舍，由于涉及新的利益分配，更需要决心、勇气和智慧。危机时刻最重要的是所有利益相关者（尤其是劳资双方和上下游之间）齐心协力，彼此信赖才能群策群力，因此特别需要信息公开和充分沟通。企业与上下游之间需要更充分的信息分享和沟通，最大限度的资源共享（例如近期盒马鲜生与云海肴等餐厅间的员工共享），以便抱团取暖、共克时艰。危机时期更需要全方位的创新，因此自下而上的能动性、创新机会的识别特别重要。

这次疫情会极大地放大企业近年来面临的转型和升级压力，压力主要来自以下三方面：

（1）中国社会即将全面进入小康时代，经济增长放缓，从全面产品短缺过渡到相对过剩，存量竞争时代给企业带来精细化经营的压力，效率和效益比规模更重要。企业的成长逻辑已经从以往的规模第一（成本领先）以及投资拉动的外延式成长转变为创新和品质优先的内涵式成长。

（2）消费者特别是超过4亿80后和90后消费者在拉动消费升级，他们中的绝大多数愿意为高品质和个性化埋单，一切消费从线上开始。

（3）数字化技术包括大数据、云计算、物联网和人工智能等，科技进步提供了智能化的大规模定制能力，也给企业带来转型升级的机会和压力。面对这些压力，企业不创新就没有出路，最根本、最可预测的创新是数字化转型和相应的组织重构，只有成为真正以客户为中心的创新性组织（由于篇幅限制，具体举措不在这里赘述），才能实现个性化需求与大规模定制能力的对接。

从长远看，中国经济转型已经持续多年，很多企业开始遭遇瓶颈。这次疫情如果持续较久，对企业的敏捷性、精细化和创新能力将是一个考验。敏捷性意味着企业必须能够快速应对市场变化，重新配置资源；精细化导致企业在效率和成本控制方面高于行业平均水平；创新指有足够的能力来推出新产品、新服务和新商业模式，包括产品的数字化和营销的数字化，以及用数字技术重构的产业生态和商业模式。这些变革也是应对疫情危机所需要的，有些可以马上开始。例如，腾讯、阿里、京东等互联网公司在防疫救灾中的卓越表现与其建立在数据和资源优势上的动态能力高度相关。由于防疫隔离带来远程办公需求，钉钉和企业微信的广泛使用会推动企业的业务全面线上化和数字化。因此，疫情过后，活下来甚至发展更好的企业会更加敏捷、精细化和创新驱动。未来的一切企业都会是基于数字技术的科技型企业，这是不可避免的大趋势。

稳住服务业，就稳住了经济增长

芮明杰

复旦大学管理学院产业经济学系主任，兼任复旦大学企业发展与管理创新研究中心主任，教授、博士生导师。主要研究方向：产业与企业发展、创新与知识管理。

目前新冠肺炎疫情依然在扩散，全国上下已经动员了巨大的力量投入到抗击疫情过程中，效果正在显现。由于此病毒人传染人，因此如何有效地把染病及潜在染病的人与正常的人群隔离，阻断交叉传染，同时迅速探索治疗方案并对染病的人进行有效治疗，对潜在染病的人及早诊断和隔离，是战胜新冠肺炎疫情的关键与基本逻辑。为此需要每个人进行病毒防护，并尽量减少人与人的接触。不聚集，少活动，少坐公共交通工具，少去公共场所，少外出吃饭、旅行，在家隔离就成为最佳选择。

一、疫情对服务业产生重大影响

人们少外出少集聚必然减少对服务品消费的需求，特别是对旅游、交通、宾馆、餐饮、购物、娱乐、健身、政府公共服务等的需求。对这些服务需求的减少还会关联至这些服务行业的上游产业，如宾馆用品生产行业、旅游用品生产行业等，如此就形成连锁反应，即服务业的需求下行会导致相关制造业的产品需求下行。所以本次疫情如果延续3个月甚至半年，那么对服务业的影响是致命的，对整个经济的影响也会非常大。有人说，上半年疫情影响了服务业发展，我们可以在下半年发力，把失去的补回来。可能吗？这对制造业而言或许可能，但对服务业而言则不可能，因为服务业及服务品有自己的特性。

服务品的特性一是同一性，即生产的过程也是消费的过程；二是不可储存性，即服务品一旦生产就必须消费，所以它是不能储存的。服务品的生产不像制造业产品的生产，不可能先生产、储存服务品，然后等待疫情过后再分销给消费者。因此今天社会对服务品需求的下降就是服务业生产能力的放空，就是服务业生产的下降。这样来看，本次疫情的特点就决定了服务业内多数企业的生存与发展将受到极大的影响，并波及相关的制造业，甚至农业。可以这么说，疫情持续时间越长，对服务业及相关行业影响的深度与广度就越大。

更重要的是，服务业已经是我国最重要的产业。国家统计局公布的数据表明，2019 年服务业对我国 GDP（国内生产总值）的贡献超过了 60%，同时吸纳了最多的就业人口。另一方面，2019 年前三季度第一产业增加值增长幅度略有波动，三个季度分别同比增长 2.7%、3.3% 和 2.7%；第二产业增加值增长幅度在 2019 年度从年初的高点 6.1% 降至第三季度的 5.2%；第三产业增加值增长幅度维持比较稳定的状况，2019 年第一季度达 7%，第三季度回升至 7.2%。由三个产业增加值增长幅度，可见 2019 年我国 GDP 实现的 6.1% 增长中，主要的贡献者是第三产业即服务业。因此，如果本次疫情导致 2020 年上半年我国服务业大幅衰退的话，下半年即便再努力，2020 年经济的衰退也是必然的，问题是减少多少增长。更何况，我们还没有考虑疫情导致的我国外围经济环境恶化的可能，例如进出口货物受阻。

二、稳服务业发展的战略性应对思路

人命关天，我们当然要全力抗击疫情，争取尽早结束疫情。但同时又不得不考虑尽量减少经济损失，稳定经济大局，稳定社会发展。怎么办？我的建议是稳住服务业，稳住服务业的就业人口，就稳住了 2020 年中国经济大局。稳住服务业，首先是稳住服务业中大量的中小企业，这些企业抗风险能力差，一两个月没有客户就可能要关门歇业。问题是怎么能够稳住服务业，我认为要从两个方面努力：

1. 企业自身努力应对

服务业的中小企业需要积极应对近期疫情导致的服务市场萧条，调整自己的经营策略、用工策略，降低成本，开拓新业务，想方设法抱团取暖。例如，线下的服务可否改为线上的服务，银行、保险、娱乐、零售等企业可以通过互联网提供服务，新电影可以在网上付费观看，有的企业可以请有防护的快递员送货上门。过去无隔离的服务可否适当调整为隔离式服务，如高铁可以隔开座位售票，飞机也可以隔开座位售票，这样加上旅客自身的防护，有限提供公共交通服务应该没有什么问题。

2. 政府出台优惠政策

政府应该明白，本次疫情对服务业的影响是很大的，企业再怎么努力自救也只能减少一部分损失。以2020年春节为例：春节黄金周1月24日至1月30日，全国出行人数1.5亿人次，比2019年春节黄金周大降63.9%。2020年春节期间的餐饮行业收入预计减少5 000亿元。正月初一影院的票房收入只有180万元，仅为2019年同期的0.12%。像西贝这样著名的餐饮企业都在说，如果关门1～2个月，企业就要支撑不下去了，因为员工的工资就是一笔巨大的开支。为此有些地方政府如苏州市政府开始出台政策给予中小企业一定的帮助。但这仅仅限于个别地方政府。我认为国家应该考虑出台稳服务业发展的系列政策，对服务业中受疫情影响特别大的行业，如旅游、交通、住宿、餐饮、零售、娱乐等，设计出台一揽子政策，包括但不限于税收返还、失业救济、租金减免、创新鼓励、公共网络平台使用等政策，切实稳定服务业发展，稳定服务业中小企业与相应就业人员，进而为2020年经济增长奠定基础。

肺炎疫情无情，整体知识有价

杨百寅

清华大学经济管理学院领导力与组织管理系主任，伟创力讲席教授，国家特聘专家，入选“千人计划”，国家杰出青年科学基金获得者，教育部长江学者特聘教授。主要研究和教学领域：知识整体理论、领导力开发、学习型组织与组织学习，以及中西文化与管理理念的比较等。

2020年初，湖北武汉等地陆续发生新冠肺炎疫情，对于准备欢欢喜喜过大年的广大民众而言，这无疑是突如其来的灾难。如何应对？怎么应对？如何应用相关知识以理性科学的方式沉着应对，战胜无情的病魔并击退肆虐的疫情？从不同的视角看，采用不同的分析方法，可能会产生不同的答案。医者谈医，患者求安，普通民众关心日常生活，企业家关注企业能否活下去，管理者注重社会资源合理调配。我们从中国管理学界近年来提出的知识整体论视角出发，分析当下的突发情况，探求科学理性的思辨态度和行为。知识整体论强调人类的行动受到活性、理性、感性知识的影响，而且这三类知识相互影响、共同作用、密不可分。以人为个体的任何组织亦受到这三类知识的影响，从而表现为不同的使命精神、制度规范和实践流程。从知识整体论视角来看，面临危机时应该保持“正心、慎思、笃行”。

一、“正心诚意”

正心诚意的目的是端正活性知识。活性知识是人类对事物重要性、价值性的认识，反映在心态上。由于新型冠状病毒肺炎的肆虐，2020 年初，许多人处于苍凉焦虑的情绪之中。面对灾难，千万不要让紧张、恐惧、压抑、焦虑的负面心情左右我们的理性思考与分析。人类社会应该反思自身的行为，新冠肺炎疫情不是天灾，而是人祸，是大自然对人类贪婪无知的惩罚。国家疾控中心已经明确表示，疫情的传染源就是野生动物。

据统计，人类 70% 的新发传染病来源于动物。在生命面前，所有生物平等。人类为了自身活得好，更应该敬畏自然，遵循自然规律。活性知识的定律是：活下去是王道。《周易》中有一句名言：“天地之大德曰生”。孔子给这句话的解释是：天地最大的美德，就是孕育出生命，并且承载、维持生命的延续。这是中国古代圣贤对生命即活着的有机体最为深刻的认识。这种活性知识集中体现为对人类自身生命价值的极度肯定，以及对其他生命体生存权的尊重，从而形成了中国特有的“人与天地参”的精神。在科学技术高度发达的今天，我们切不可忘记古训。

在疫情肆虐中国大地的同时，媒体报道澳大利亚有30万只蝙蝠尸横遍野，这场由山火引发的灾难已经造成至少33人死亡，超过1 500座房屋被烧毁，堪培拉宣布进入紧急状态。在东非，气候变化引起蝗虫肆虐，所到之处，庄稼和植物毫无招架之力。人类在大自然面前其实非常渺小，违背自然规律而导致的天灾及人祸往往不期而至。无知不是生存的障碍，良知才是活好的通道。科学技术的进步使人类似乎掌握了征服自然的工具，然而大自然往往以不经意的手段严酷地报复人类的无节制。因此，在认识自然改造自然的过程中形成的理性知识，必须以良知为基础。

中华民族有着患难与共、同舟共济、生死与共的优秀传统。湖北武汉爆发疫情之后，好多地方也陆续发生疫情。许多医院、民众和各级组织积极支援疫区。绝大部分地方政府向外出的湖北省籍人员伸出了援手，除了严格排查，遵循防治病毒流程，还妥善安置，使他们衣食有依靠，体现了为大局、识大体的意识。这次抗击肺炎疫情的战斗所表现出的社会支持与信任，不失为提升我国社会资本的基础。我们应该认识到每个人都是休戚与共的命运共同体的一员。社会的健康发展需要增加信任、减少猜忌，需要支持勉励、消除地区偏见、推动开放包容，反对自私自利。

遇到危机，一个组织的首要任务是明确责任感与使命感。习近平总书记指出："要把人民群众的生命安全和身体健康放在第一位。"正心诚意必定带来强大的信心，转化为科学规范的管理体系，并落实到应对疫情的行动中。疫情的肆虐必然会给企业的正常经营带来巨大的挑战，企业家和其他组织的领导者必须克服畏难心态，把这次应对疫情的经历当做洗涤心灵的过程，重塑正确的价值观与世界观。各类组织只有具备正确的责任感与使命感，才能众志成城、明确发展方向，进而制定出科学的应对措施。

二、“理性慎思”

理性慎思的目的是开发和应用理性知识，这是指基于理性思考，制定出科学规范的应对措施。理性知识是人类对事物规律性、科学性的认识，体现在分析思考上。抗击肺炎疫情不仅需要正心诚意、坚定意志、端正态度，还需要科学理性的知识。人类在识别和抗击新型病毒的过程中，必定需要借鉴和应用相关的病理学、药理学知识，需要专业医疗设备和设施的支持。在这次抗击疫情的过程中，不乏科学规范的指导和引领，但也有一些人被谣言和假象所迷惑。

传染病防控有严格的法律法规和规范的应急方案。疫情出现以后，从中央到地方的各级主管机构和相关医疗单位迅速行动起来。应用科学的医护知识，传播规范的防护知识，切实采取措施抗击疫情，是许多医护人员和专业机构的职责，也是理性的体现。普通民众关于防护的知识毕竟有限，我们应该理性地遵从所在社区、街道和相关机构的引导和指示。疫情不可怕，可怕的是各自为政、盲目行动。更可怕的是，极少数人自以为是，擅自违反居家隔离或减少出行的要求。这样的行为缺乏慎思，也不理性，往往带来巨大的危害和影响。

社会的复杂性在于许许多多的个体需要组织起来。人类的组织管理有其规律性，组织需要分工协作、各司其职、目标一致，抗击疫情也不例外。战斗在疫情一线的广大医护人员就如前线作战部队，在企业组织中往往成为“前台”；收集疫情信息、制定作战方案、规划作战部署和行动的部门可以看做“中台”，即作战参谋本部；为前线提供医疗物资和生活品的部门，简单来说就是“后台”，即作战部队的后勤保障部。近年来，随着互联网数字化技术的发展，中台的作用在许多企业越来越被重视并发挥着关键性的作用。湖北武汉等地出现的重大疫情牵动着全国亿万人民的心，人们纷纷组织捐款捐物，各地区各部门也紧急行动起来支援疫区。但是也出现一些不尽如人意的现象，如一些医院的医疗物资缺乏、供需不配套、重复统计增加一线人员和基层组织的负担等。任何人类组织都必须具备科学理性的中台。在信息化技术高度发达的今天，各类组织不妨把这次战“疫”作为提升数字化管理能力的契机，测试自身对外部市场变化的反应能力和敏感性，构建高效实用快速的数字化平台，加强组织内部各子系统的协同作战能力。

三、“务实笃行”

笃行的目的是在实践中提升感性知识，从而实现初心。感性知识是人类对事物现实性、可行性的认识，表现在行动中。抗击重大疫情，需要各类组织和全体人民众志成城、坚定不渝、踏踏实实、一心一意、坚持不懈。然而，不同地区、社区、街道所面临的情况各不相同。这就需要我们既要遵循抗击病毒的科学规律和中央的统一部署，又要制定出切实可行的，符合本地区、本单位客观情况的具体措施和方法。

笃行还要求我们根据实际情况，总结提炼抗击病毒的有效方法，进而分享推广，让更多的社区和民众受益。我国社会经济发展不平衡，各地治理水平和能力有着很大的差异。为了应对疫情扩散，全国各地都采取各种果断措施切断病毒传播渠道。一些地方在响应防疫中表现出惊人的速度和效率，有的地方未雨绸缪，做到有备无患。但是也有一些地方表现不力，或反应迟缓，或乱了阵脚和方寸，或应对失当。这些都是需要认真总结和深刻反思的。

提倡务实笃行，需要特别警惕教条主义、本本主义。非常时期需要非常方法和措施，我们的工作必须严格遵循相关部门的指示和统筹安排，但不能仅仅停留在此范围内。新情况、新动向随时可能出现，各级组织应该针对实际情况开展工作，奋力抗击疫情。同时，我们既要应用现有的科学知识指导抗击肺炎疫情，又要勇于担当，有意识地积累对付新型病毒的经验，形成新的知识体系。我们应该反思，对比 2003 年的非典和其他大规模传染性疾病，这次抗击肺炎疫情有哪些经验与教训？只有认真地反思、深刻地检讨、理性地计划，才能带来扎实的行动。

全国抗击疫情的战斗正处于关键时刻，疫情无情，随时可能夺走人们的宝贵生命。知识有价，知识就是力量，我们需要整体性知识，从而以坚定的信念以及理性科学的态度和行为应对疫情。一方面，我们要增强战胜疫情的信心，增加责任感与使命感。另一方面，我们需要理性慎思，应用科学知识和有效的组织来抗击疫情。同时，我们还需要务实笃行的作风，各尽其职，砥砺前行，战胜疫情！儒家思想认为，人活着，就要活得好，必须有仁智勇三种品德。我们应该追求这样的人格，仁——正心诚意，智——理性慎思，勇——务实笃行。

个体思辨，组织思变

张志学

北京大学光华管理学院教授，中国管理研究国际学会（IACMR）当选主席。研究领域：组织行为学和社会心理学。

人的认知能力有限，只能吝啬认知资源，以个人经验代替理性认知，从而导致认知偏差。在疫情爆发的当下，各种看法纷沓至来，既有精辟的分析，也有偏误之辞。

2003 年非典，北京是“疫区”，当时持有北京身份证的人一生中头一回被“歧视”。自保发展为隔绝，隔离发展为排他，排他发展为恐慌，疫情蔓延的速度赶不上恐慌加乘的速度。即便如此，非典对中国经济造成的影响很快被修复了。

17年后，中国的经济结构大不相同，世界格局处于调整期，加之疫情“淹没”了中国人最重要的传统节日——春节，损失及潜在损失不可低估。尽管如此，我仍对战胜疫情充满信心，也对中国的未来充满信心。

作为组织管理的研究者，我专注组织环境下人的能动性。人类战胜天灾人祸，说到底还是靠人本身。角色决定认知，认知决定行动。我从人的几个角色谈谈个人的角色认知与主观能动性，之后阐明危机情境下的组织法则和命运共同体的构建。

一、作为领导者的“人”

这是一个必须回望初心的时刻。

你为什么创建这个企业，为什么在这个岗位，想完成什么使命，想创造什么价值？

你的使命，会夯实你的战略定力，让你对外协调产业链中的各个环节，对内关爱员工，并为员工赋能，令员工与企业使命同频，共克时艰。

你要比任何人都坚信，中国前进的动能和大趋势不会变。

你要明白，事在人为，既要思考创新的方向，也要思考精细化管理，并将你的信心和有条不紊的安排传递给每个员工、每个合作伙伴。

此时，你要让企业活下来，你所有的努力也是在帮助国家对抗疫情。企业的自救也是为社会尽一份责任。

二、作为组织成员的“人”

这是你要认清大局并以大局观思考的时刻。

这不是一个劳资谈判和算清账目的时刻。

既已同舟，坚决共济；皮之不存，毛将焉附。面对疫情，每个员工都不可能置身度外。为此，不以批评者的姿态冷眼旁观，不以旁观者的眼光传递负能量，不以弱者的身份等待保护。积极参与公司的调整，接受患难时期可能的利益损失。企业活下来，才有自己的舞台。

也许，这是你原本要辞职的时刻，不建议你此时突然告辞。如果可以，陪伴你的企业走过最艰难的时刻，情义无价。

人心的稳定，也是在为抗击疫情做贡献。

三、作为社会公民的“人”

不传谣，少恐慌，少流动。优化生活方式，用合理的措施保护自己和家人。配合疫情攻坚战，这是每一个公民应尽的义务。

理性判断，坚定信心。人们面临危机时，会高估事件朝不好方向发展的概率；面对谣言时，容易轻信，也倾向从众。面对恐慌，要理性思考，不要用情绪误导行为。

专注工作，助力企业，热爱生活。疫情当中和疫情过后，确保民生和发展经济是国家持续前进的根本，每个组织人、每个社会人、每个公民，越是专注工作和生活，就越能帮助国家尽早恢复繁荣。

四、危机下的组织法则

每次人类发生灾难后，都会留下宝贵的经验教训。我研究了若干应对灾难的案例，总结出危机下的组织法则。

（1）目标明确，方向正确。危机来临时，要迅速聚焦成员，调整原有目标，明确组织当下的任务是活下来。领导者要果断、坚定、冷静，且冲锋在先。先不要纠结解决危机的具体方式是否合适，紧急集合往前行，做到方向大致正确，组织保持凝聚。

（2）彼此信任，刻意乐观。灾难会打乱原有的组织结构、分工体系和责任权力，成员之间要保持信任，达成默契。时局没有留出怨天尤人的空间，需要消除成员的悲观和沮丧，以多种方式刻意制造乐观的氛围，保存成员的心力和活力。

（3）保持行动，全员机敏。危机会给人造成巨大的心理压力，打乱正常的工作和生活节奏，这时要确保每个人有事可做。行动起来可以克服组织的恐惧和消极，提升成员的思维敏锐度和行动敏捷性。为此，要求每个人积极寻找有利于企业活下去的信息、业务和渠道，在局势稳定和明朗之前永不停歇，珍惜员工发现的任何线索。

五、构建命运共同体

危机之下，无人能逃脱。权利与义务的再平衡，以及必要的利益损失是不可避免的。只有目标一致、使命同频，形成命运共同体，才能真正共克时艰，应对未来可能出现的灾难。

企业的力量有限，资金、用工、供应链等都依赖于更大的生态体系和政策法规。此时，政府、企业、个人和社会各方应结成一体，弱化平日的权力和分工区隔，减少各方因身份认同差异而产生的隔阂，因为隔阂会造成灾难性的舆情和社会分裂。通过接触、沟通、分享、商榷，会发现各方的目标其实是一致的，只有目标共享才可能形成命运共同体。危机时期，要格外注重沟通和透明，只有认知一致才可行动一致。

在这场疫情中，中国的社会动员能力、企业的组织能力、个人的职业化水准和公民的整体应急素质得到检验。借此机会扬长避短，卧薪尝胆地历练，痛定思痛地改进，建立起顽强且有生机的命运共同体，将是历经苦难的中华民族的福分。

灾难见人心，当年“泰坦尼克号”沉没之际，既有贪婪求生、践踏他人的小丑，也有临死不惧、将生的机会让给别人的英雄，还有恪守岗位、服务他人的殉道者，他们都在同一艘船上。此刻，全体中国人，既已同舟，必须共济！

小胜靠智，大胜靠德，常胜靠制

杨　杜

中国人民大学商学院教授、博士生导师。主要研究领域：企业成长理论、知识管理、企业文化和企业伦理。

平时不侥幸，才能战时不恐惧！作为管理者，无事时要舍得花钱建立危机管理机制，有事时要能够有效启动危机管理机制。现在，新冠肺炎疫情就是大敌当前，我们要集中一切人力、财力、物力和精力，打赢这场战役，我们坚信一定能够打赢这场战役。

立足当前，展望未来，作为管理学者，我们能做些什么呢？人们常说：小胜靠智，大胜靠德，从管理角度我们认为，常胜靠制。这不是亡羊补牢，而是吃堑建制，是对治理和管理机制的系统再设计。

一、机制的重要性

机制（或制度）是一种架构，不是某种要素。要素只有通过架构才能高效发挥作用。众所周知，企业中有四类核心要素：人、财、物和知识，虽然我们平时说人的要素是最重要的，也说科学技术是第一生产力，但离开了把人、财、物、知识等要素结合起来的管理机制和体系，它们可能是低效的，甚至会和总体目标相反。

党的十九届四中全会专门就推进国家治理体系和治理能力现代化若干重大问题做出决定，指出“中国在国家治理体系和治理能力现代化方面已经摸索和找到了适合自己的有效模式”，这次疫情管控就是对这个体系和能力的全方位检验。

在国家层面是治理体系和治理能力，在企业层面是管理体系和管理能力，只有建立机制才能有效应对各种突发事件。这场突如其来的疫情给善于思考的中国企业家和未来的经营变革带来了很多启示，其中一项就是必须更有效地建设平时防灾、战时减灾的危机管理机制。治疗肺炎靠药物，而治愈在很大程度上取决于人体的免疫力。企业的危机管理机制就相当于人体的免疫机制。

墨菲定律说：凡是可能发生的事情，就一定会发生！这提示了企业建设危机管理机制的必要性。做企业不能侥幸！疫情可以说是仅次于战争的巨大外部风险。新冠肺炎疫情就是企业面临的重大外部危机，和十多年前的非典一样，对某些企业的影响是严重甚至致命的，对那些没有制定完善的危机管理机制的企业更是如此！

非常时期的卓越领导力是自信担当、临危不乱、指挥若定。这次疫情显露的一些问题表明，关键时刻光靠领导者是不行的，临危不惧、自信不乱是领导者的个人特质，但是，有些人顶不住时靠免职问责并不能真正解决问题。

但愿这次疫情过后，中国企业的危机管理机制建设能够提升一个层次。指标之一就是看企业遇到突发危机时，是领导带头扑上去，还是危机管理机制起主导作用。危急时刻靠英雄，但只有建立“无生命的管理体系”才是生命不息的依托！

危机管理机制可分为危机处理机制和危机预防机制。

二、危机处理机制

危机处理机制可参考5S原则：（1）速度第一原则（speed）；（2）系统运行原则（system）；（3）承担责任原则（shoulder the matter）；（4）真诚沟通原则（sincerity）；（5）权威证实原则（standard）。

危机处理机制中的关键是信息传播管理，可参考英国危机管理专家迈克尔·里杰斯特（M. Michael Regester）的危机信息传播3T原则：（1）Tell You Own Tale（以我为主提供情况）。强调政府牢牢掌握信息发布主动权；（2）Tell It Fast（尽快提供情况），强调处理危机时政府应该尽快不断地发布信息；（3）Tell It All（提供全部情况），强调信息发布全面、真实。

值得注意的是，这个3T原则是以政府组织为中心，但是，在自媒体时代，危机苗头的发现者往往是个体，传播往往开始于微信群等社交群体或圈子，而不是行政组织。因而，政府组织就很难掌握主动权，并尽快、全面地进行信息的传播。政府组织必须设计能敏锐觉察、准确分析个体和群体信息中的危机苗头，进而快速沟通并掌控信息传播主动权的机制。在企业中，管理者要密切关注基层员工发出的一些似乎不是很重要但听起来特别不舒服的牢骚，或者专业技术人员发出的一些特殊的、不确定的疑问或新点子。

三、危机预防机制

在此，我们尝试提出危机预防机制ANORB五原则。

一是保持危机意识（crisis awareness）。做企业如履薄冰，惶惶者才能生存。但是人们一般很难天天保持危机意识。原因有很多，比如，有权威的企业高层领导者，很少有人为其敲警钟，或者即使敲了也听不到。如果敲警钟的是基层员工，就更难听到了。再比如，危机意识是令人不快的，使人睡不着觉，人们往往选择回避。

二是区别信息性质（crisis nature）。严格区别不同性质的危机信息。比如疫情信息传播，宁可信其有，不可信其无。政治信息传播则反过来，宁可信其无，不可信其有。关键是不能把政治信息传播管理方式用在疫情信息传播上。不同性质的危机信息，要有不同的处理原则。

三是成立预警组织（crisis organization）。成立应急管理委员会、应急指挥部，制定危机管理纲领，建立财务、供应链等不同危机的具体预防和处理组织等。

四是建立战略储备（crisis reserve）。比如足够的粮食储备、能源储备、药品储备、人才后备队、金融储备、技术储备、供应链储备等。

五是做好危机管理预算（crisis budget）。危机管理预算是企业的活命预算，是企业必须花的预算。省钱百两，赚钱千两，止损万两！

真正的领导者在危机到来之前就建设好了危机管理机制。好的危机管理机制是每经过一次危机就能迭代进步的 PDCA 机制。

中国社会和企业正走在由领导主导向机制建设转变的路上。打赢这次战役，目前依然要靠领导！但这个过程中，我们很明显地看到人、财、物和知识各要素全国一盘棋的机制的快速形成和完善，企业内在的危机管理体系也在迅速形成，机制起着越来越大的作用。我们相信，经过这次危机，汲取经验和教训，中国社会和企业一定会形成更完善的长效机制。

古人重三立：立功、立言、立德，从管理的角度，我们提出第四立：立制！人们常说：小胜靠智，大胜靠德，从管理角度我们认为，常胜靠制。

须遏制新冠肺炎疫情酿成更大经济危机

王　文

中国人民大学重阳金融研究院执行院长、丝路学院副院长，教授、博士生导师，中国金融学会绿色金融专业委员会秘书长，国务院参事室金融研究中心研究员，兼任兰州大学等多所知名高校客座教授，《环球时报》英文版、观察者网专栏作家。

在高铁站，我问一位回京复工的小伙子："路上可能感染，为何还急着回来？"小伙笑道："感染致死的可能性才2%，不开工'致死率'是100%。我都快穷死了。"我前几天亲历的这个场景正发生在数千万中国人的身上。

春节假期延长了一周。元宵节一过，没有任何力量能阻止人们的复工欲望：中小企业、餐厅、酒店、商铺、电影院、超市的所有职员，还有菜农、想找工作的毕业生、制造业工人、各类商贩、蠢蠢欲动的旅行背包客……从最新的返工情况看，抗疫工作应像防禽流感、防艾滋病那样，进入到常态化的医疗工作流程中。过去数周，从疫苗缺位与治愈出院者的情况看，个人免疫力是治愈的关键，而经济增长、社会繁荣、身心舒畅则是提升个人免疫力的基础保障。

然而，就当下状况而言，两类“社会病”正在激烈角力。一类是“病毒恐惧症”。它导致人们不敢出门，“只要还剩一粒米，坚持不出小区里”；它还致使各级政府以“政治任务挂帅”，生怕在人命关天的重任前失职、失责。如果这些还情有可原的话，那么，一些基层管理者借“鸡毛令箭”在疫情期间猛刷存在感，不少网络视频中强令隔绝正常社会往来的场景，真是让人啼笑皆非。

另一类是“生存焦虑症”。怕失业、怕财务“弹尽粮绝”、怕憋出病来，是多数百姓的主要症状。只有工作、挣钱、社交，才能治愈老百姓的“生存焦虑症”。有调查显示，当前30%的中小企业撑不过一个月，85%的中小企业活不了3个月。中小企业解决80%以上的就业啊！多数经济学家评估，2020年第一季度失业率将上升0.5%～1%。另有研究证明，失业率每上升1%，自杀率上升0.8%，在当下焦虑的氛围中，恐怕也要关注那些本不应逝去的生命。

一边是因病毒导致的不断增加的死亡病例，另一边是每个社会细胞各自封闭，停工、停产、停运、停摆导致的经济“肌体”的部分死亡，后者危害性更广、更长远。

不妨设想一下更糟糕的场景。春节期间，每天中国损失约1 000亿元的财富。2020年第一季度，由于封村影响春种导致粮食歉收或大幅减产。对外，已有超过100个国家限制中国公民入境，中国进出口将受阻，国际供应链危机已现端倪。再这样延续一两个月，中国在全球制造业价值链、供应链上的领衔地位肯定不保，这比中美贸易战危害大百倍。

千万别再让“病毒恐惧症”困扰中国人了！中国人应自信地向世界宣布，数周的防疫战成效很大！中国公共卫生治理能力、社会动员力已令世界肃然起敬，但若继续以公共卫生为所有工作的重心，将过犹不及。一个公共健康事件极可能酿成一场国家甚至世界的经济危机。若那样，后果不堪设想。

经济！经济！经济！只有经济增长，恢复生产，才能力挽狂澜，拯救国家。数周前，李文亮医生就病毒“吹哨”，令世人动容，所有人都假设，当时人们若听他，可能不会遭受当下惨状。现在，同样需要有更多经济“吹哨”者。

怎么办？如何让窝在家里的14亿“病毒恐惧者”走上街头、回到工作岗位、回到街头消费？目前是有药方的。正如2020年元旦前后，如果武汉市政府重视当时“吹哨”的话，情况不会那么糟。

我认为，短期内应出以下四招。

一、舆论报道不妨淡化、泛化目前防疫氛围的营造

病毒疫苗短期未必能研制成功，但多数医学与社会研究者已有共识，新冠肺炎致死率（不到2%）远低于非典（9%），更远低于2013年全球禽流感（39.3%）、2009年美国H1N1

病毒（17.4%），但比一般流感致死率（0.1% ～ 0.5%）高，可称“重度流感疫情”。

舆论当然应向奋战在一线的医务人员致敬，但也可聚焦那些在春节期间保障果蔬鱼鲜供应的运输工、值班者、收银员、务工者等。每位保障社会正常运作的民众都是国家与人民的“英雄”。国家相关部门须长期发布新冠肺炎疫情的信息，任何有兴趣者均可在官方网站查询。但像《人民日报》、央视、新华社等国家媒体重器则不必每日重点播报。舆论报道应将重点转向正常的国计民生，降低对疫情的关注度，“病毒恐惧症”随之会逐渐消逝。削弱舆论恐慌氛围，转移 14 亿民众每日关注点，是当前恢复经济的第一招。

二、疫情通报不妨精细化，以县为单位、以死亡者为基准重新勾画全国疫情图

以省为单位通报疫情，当然会看到全国一片红，全民无尽恐慌。事实上，疫情通报很重要，但精细化疫情通报更重要！

“广东、浙江有上千人感染”是一种真实的通报方式，“95% 以上的死亡病例发生在湖北”也是一种真实的通报方式。“半瓶是空的”与“已有半瓶水”，对同样场景的不同描述会产生不同的社会心理。全国抗疫数周，是时候让社会心理学家、舆情分析师参与到更聪慧、更精细的疫情通报中，以缓解无谓的社会情绪内耗。

三、官员带头，在疫情低发区域，在保证消毒的条件下不再戴口罩示人，深入人群展示信心

未来，在未发生疫情的地区或场所，不应人为要求必须戴口罩，进入公共场合动辄量体温的规定也应废除。除湖北外，其他地区的官员不必非得在镜头面前戴口罩。

在中国，党与政府仍是百姓眼里的权威。党与政府的抗疫信心不只是在口头，而要通过行动来表示。多数地区的党委与政府可通过报道重要会议、会面、调研、交谈等工作场景的轻松氛围，重燃民众对社交安全的信心，重燃国际社会对中国的信心。

舆论中所谓“推迟两会”的建议是操之过急的。相反，在保障人民大会堂、住所消毒的前提下，应让数千位“两会”代表委员以自信、严谨、活跃、认真的状态履行人民代表的义务，向湖北、向全国、向全世界释放中国政治精英层的信心与坦然。

四、精准减税降费，给“疫区”、城镇中小企业者过去数周的“牺牲成本”让利

各级政府的税务、财政、工商、质检等部门应统筹协调，通过税点返还等政策激励方式，鼓励商业户主给租户减免1～2个月的租金。国家财政则可通过发行公共卫生债、央企转移支付等方式，填补该轮减税降费的亏空。“特殊时期一家人”，政府做表率，理性智慧地财务腾挪，将会带来更大的全民福利与社会信心。

当然，湖北仍是重灾区，必须继续战“疫”。其他多数地区可设立若干特殊医疗应急站点，一旦出现新病例，随时送至，免费救治并隔离。生命是第一位的，但为了低概率的传染率与死亡率而隔绝整个社会的流动，是不值当的。

实践证明，在小概率事件发生前，人们倾向于低估它发生的概率，但当该事件被频繁曝光时，人们又倾向于高估它的影响。这几乎是历次金融市场动荡的写照。

金融学要求我们建立正确的风险观。《黑天鹅》一书作者塔勒布曾说，“相对于研制成功新药物，我们在大多数情况下是发现已知药物的新用途”。当务之急是，在现有药物中找到有效应对新型冠状病毒的“特效药”，而不要担心新冠肺炎疫情这个小概率事件继续绑架中国人的正常生活。这就相当于在投资中找到了对冲工具，投资人便可安心持仓。

我们在这里向病毒感染死亡者默哀！向奋战在前线的所有工作者致敬！更要向重燃社会活力与经济热度的每一位国民呼吁：经济、经济、经济！没有经济，情况更糟糕！只有恢复生产、复苏经济，一切才能越变越好！

面对　重视　处理　放下

苏　勇

复旦大学教授、博士生导师，东方管理研究院院长，管理学院企业管理系主任。研究领域：企业管理与创新、东方管理。

新冠肺炎疫情来势凶猛。战“疫”时期，企业如何应对？作为管理学者，我给企业家提出若干建议。

一、稳定军心，凝聚共识

俗话说，气可鼓而不可泄。管理学研究也认为，组织懈怠是企业之大忌。因此，灾难面前，将帅首先需临危不乱，树立坚定信心。作为企业家，一定要比普通员工站得高、看得远，要给员工以信心和希望。企业员工来自四面八方，存在各种思想情绪和问题，他们在危难时刻对组织有更大的依赖性，更希望从组织那里获得支持和帮助。而企业家相比普通员工有更多的资源，《孙子兵法》云：上下同欲者胜。因此，企业领导要做好员工的安抚工作，稳定军心，凝聚共识，让员工感受到组织的温暖，这是企业首要任务。

二、盘清家底，沉着应对

企业竞争非常激烈，平常企业往前冲的时候多，思考修整的时间少。在此非常时期，企业正好可以略微放慢脚步，审时度势，认真盘清家底，同时在现金流、产品交付、人力资源等方面做出清醒的研判。企业可以运用管理学相关理论，认真思考一下当前特殊形势下企业所存在的优势、劣势、机会、威胁，在此基础上制定当前和今后一段时期的战略措施。在当前，要着力抓好人、财、物三方面。

一是抓“人”。既稳定员工情绪，同时也可积极开展员工培训，切实提升员工技能，提高人力资源质量。

二是抓“财”。当前企业最重要的就是现金流。现金流好比人身上的血液，现金流断了，企业也就垮了。因此能回收的资金要尽力回收，能暂缓的支付要尽量暂缓，同时全方位开源节流，尽量压缩成本和各种费用开支。与此同时，最大限度利用各地政府出台的扶持政策，寻求金融机构和政府的帮助，争取获得一定的资金支持。

三是抓“物”。如果日常工作相对轻松，企业可考虑将设备检修、流程重组等工作提前进行，做好各方面的保养维修，为今后大力开展业务蓄势待发。

三、主动出击，寻找机会

冬天终将过去，春意必会盎然。机会垂青于有准备的人。疫情及其影响会持续相当一段时间，对此企业既要做好最坏的打算，同时也要做最大的努力，危中寻机，集中力量打造自身的核心优势，在未来竞争中寻找更有利的位置。经历这次危机，我们对于如何更好地运用互联网技术，在数字化时代根据每一个企业的特点，开展基于互联网的线上线下相结合的经营活动，有了更强烈的现实感和紧迫感。所以无论是大型企业或是中小企业，对于如何基于互联网构建自己的商业模式和经营方式，都要刻不容缓地进行思考和谋划，并相机付诸实施。

四、制造企业会优先正常运行

由于新冠病毒主要是人际传播，因此，以人为媒介的服务业要完全复苏需要相当长一段时间。而制造类实体企业只要做好相应的防护工作，防止病毒输入和传播，就可以积极组织生产。生产医药、医护用品、卫生健康用品、营养保健食品等的企业将会迎来很大增长。此类企业更要加速启动，为社会提供优质产品，使企业进入良性状态。

这次疫情给企业造成的影响毋庸置疑。但既然事情已经发生，我们只有如圣严法师所言：面对它，重视它，处理它，放下它。米兰·昆德拉在《生命中不能承受之轻》中说道："从现在起，我开始谨慎地选择我的生活，我不再轻易让自己迷失在各种诱惑里。我心中已经听到来自远方的呼唤，再不需要回过头去关心身后的种种是非与议论。我已无暇顾及过去，我要向前走。”在中国，我们再也不会比今天更深刻地认识到：一个美好的社会，对于身处其中的每个组织、每个个体具有多么至高无上的意义。皮之不存，毛将焉附？如果社会和国家崩溃了，那么身处其中的每个企业、每个人也将遭受灭顶之灾。在现实生活中承担巨大责任与压力的企业家会面临种种诱惑。相信他们经过这次疫情，会更谨慎地选择自己的发展道路，更全面、谨慎地选择企业的发展道路，更好地面对企业员工，面对企业可持续发展，面对现实世界，努力创建一个美好的社会。

建立企业信仰推进社会文明进步

何佳讯

华东师范大学教授、博士生导师，亚欧商学院中方院长，国家品牌战略研究中心主任。研究领域：品牌战略与企业增长、工商管理研究方法。

2020 年 1 月中国爆发的新冠肺炎疫情造成的巨大影响和损失，让人不免联想到 17 世纪中期欧洲爆发的黑死病。那次瘟疫让欧洲人口减少一半，英伦半岛以伦敦为中心的中南部是重灾区。但半岛北部却幸免于难，原因是在南北接壤处有个亚姆村。一天，从伦敦来的一个商人将黑死病带进村里，村民们纷纷想朝北部逃离。这时一位叫威廉·莫泊桑的牧师坚决反对，他说："谁也不知道自己是否感染，如果已经感染了，逃与不逃都是死，但逃出去一定会传染更多人，留下来把善良传递下去。"村民们在牧师的劝说下都留了下来，并在亚姆村北出口筑起一道石墙。今天去亚姆村的游客仍能看到威廉牧师的墓碑上写的那句话，"请把善良传递下去"。

这就是信仰的力量。正如谚语所说，和尚之所以成为一个真正的和尚，不是因为他的僧衣，而是因为他的信仰。虽然这次疫情给广大中小企业带来的冲击非常大，但站在企业的角度，在灾难面前，有信仰者和无信仰者会表现出截然不同的心态。有信仰者沉着冷静、意志坚定，无信仰者焦躁不安、备受打击。我在此想要表达的观点和意见是，中国企业普遍需要在信仰层面形成能够落到实处的企业灵魂。更为重要的是，通过企业信仰影响广大在职员工的路径，提高公民的社会责任感，从整体上为推进社会文明进步做出实质性贡献。那么，吸取本次疫情的教训，广大企业该如何认真反思自身的不足，补上关键一课呢？

一、创导企业信仰的共同基础

在新时代环境下，我们把实现可持续发展、共创繁荣美好的世界放到前所未有的高度，我国政府反复强调"人类命运共同体"这个国际社会发展的新理念。站在企业的角度，尽管各自的业务领域、商业模式和发展战略不同，但最终目标都是通过商业方式和经济手段创造价值，为人类社会发展做出贡献。

在共享经济和平台模式影响商业世界的大背景下，企业要在创造顾客价值和企业价值的同时，把创造和实现社会价值作为基本目标。这是因为平台具有共社会性这一重要特征。它与普遍意义上的社会性存在区别。社会性是人们在群体中建立联系并与他人建立合作关系的普遍倾向，而共社会性强调共现，是网络中社交行为者的共现共处共存。这就是为什么平台型企业或者利用平台技术和手段开展业务的企业，要把面向社会公众的责任放在重要位置上。任何违法、违规、违德的行为，都可能酿成具有极大负面影响的社会性大事件。

那么，我们的企业应该创导并建立什么样的信仰呢？按 Schwartz（1992，2004）提出的人类价值观理论，存在个人主义和集体主义文化中处于对立状态的两种价值观，即自我提升和自我超越。前者强调关注个人、关注自我，主要衡量人类在何种程度上追求自我利益（包括追求地位、个人成就等）。后者强调关注集体、关注社会大众，主要衡量人类在何种程度上超越私利，促进社会发展和保护自然环境等。中国是公认的集体主义文化体，自我超越的价值观有着儒家和道家文化创导的根基和渊源。当下正是需要我们发扬光大的时候。

创导自我超越成为企业信仰的共同基础，但并不意味着所有企业的文化理念和价值观要有同样的说法，事实上，优秀的企业有各自精彩的表达。比如，谷歌以“不作恶”作为其追求的价值观，致力于提高社会福利和推动人类进步。更需要指出的是，创导企业信仰的大方向、大目标有共同基础，但各自的实现手段和实现路径并不相同，这正是企业使命的重点所在。

二、通过企业信仰教育提升公民价值观

自我超越价值观要求我们做利他主义者，不做利己主义者。几年前，某位大学教授批评一些大学正在培养“精致的利己主义者”，一时成为流行话题。原因可以追溯到从小到大接受的教育。我在这里要表达的意思是，青年人大学毕业走向工作岗位后，仍然要重视自身的修养和道德情操修炼，使自己的价值观融入社会主流意识形态。

军人入伍有宣誓，医生入职也有宣誓。企业建立了自己的文化和信仰系统，所有员工入职也都应该宣誓，以牢记自己的使命和责任。这是提升公民信仰的普遍有效路径，长此以往可以推进社会文明的进步。这次疫情正是一本教材。在官方媒体和社交平台中传播开来的种种话题和热点涉及不同阶层的人物、不同企业的当家人，他们的德与位、言与行，值得我们在共同价值观的基础上加以深思和反省，从而寻找前行的方向、动力和榜样，更好地认识和理解社会文明进步的关键点和突破口。

中国企业基于自身业务的信仰教育是普遍缺失的，尤其是广大中小企业。它们往往是“埋头赶路”，不会“仰望星空”；通常是以业务和市场为导向，而非以事业和使命为导向；缺少愿景、使命和价值观等战略顶层设计，或者虽然有类似的一些提法，但没有将其与自己的业务活动和行动紧密联系起来，使得这些所谓的顶层要素只是宣传口号而已。为此，我提出并建立了企业级品牌战略理论，就是在企业整体

层面上把品牌的逻辑和手段渗透到企业经营管理和发展的所有环节与过程中；进行品牌顶层设计，并通过企业管理系统和基础系统与之协同运作，实现品牌引领企业发展、商业价值和社会价值协同发展。我试图以这个理论指导中国企业解决在实施品牌战略中存在的普遍问题，为在经济增长方式转型背景下推进企业发展战略转型、真正发挥品牌战略引领企业增长的作用，起到积极有益的作用。

熬过严冬是春天

——浅析当前疫情对各行业的短期和长期影响

陈宏民

上海交通大学安泰经济与管理学院教授，上海交通大学行业研究院副院长，中国管理科学与工程学会副理事长，上海市人民政府参事。

一、疫情影响行业的主要表现

当前这场突如其来的疫情必将对中国经济社会包括各行各业造成重大影响，这是毋庸置疑的。从行业层面看，疫情导致行业发展出现困境的主要原因大致有如下几个：一是整体需求萎缩；二是生产要素（如劳动力资源）大量减少或成本显著上升；三是政策性影响。

当前传统服务业面临的主要困境来自第一个原因，如酒店、旅游、餐饮等，还有一部分来自第二个原因，如快递、家政服务等。而暂时的人员流动限制加剧了许多企业的困境。

制造业的困境是从下游逐渐向上传递的。比如疫情造成国内服装需求减少，于是服装行业面临困境，然后困境传递给纺织业，再传递给纺织机械行业等。其他行业也大致如此。疫情的发展还会显著影响我国的出口货物贸易，从而进一步加大我国许多制造业下游企业的困难，并迅速向中上游企业传递。

二、疫情影响行业的三个阶段

此时此刻，我觉得疫情对各行业的影响大致可以分为三个阶段。

第一阶段是疫情高峰期。从疫情引起全社会关注重视，到全线严防，全力死守，直到疫情高峰过去。这个阶段可能需要三个月左右的时间，即从 2020 年春节前夕到之后的两三个月。在这期间为了防控疫情，严格控制人员流动，严格禁止聚集性活动，部分企业不能正常运行，部分企业员工在家办公，大中小学延迟开学。

第二阶段是疫情缓解期。或因防控疫情扩散有效，或因找到特效药，或因病毒的毒性衰减，总之疫情出现拐点，高峰确认过去，各类病例减少，没有传染大风险。这个缓解期大概要半年时间，估计会延续到 2020 年年底。在这期间绝大部分企业陆续正常复工，学校正常开学，人员流动逐渐放开，不过大多数人心有余悸。

第三阶段是疫情消除期。这时疫情已经远离人们的生活，各种针对疫情的防范措施已经解除，社会秩序和人们的心态恢复正常。估计要等到明年春节前后才会进入这个阶段。

三、各阶段对不同行业发展的不同影响

在上述三个阶段，不同行业的企业所面临的境况差异很大，责任也不同。

第一阶段正在发生，可称为“对行业的当期影响”。在这期间，传统服务业几乎完全停摆，酒店、旅游等企业几乎全部停业，交通、餐饮等企业也是苟延残喘，很不正常，运行越多，亏损越大，处在被动运行阶段。在相当一部分城市，餐饮、快递、外卖、家政等从业人员来自城外，限制人员流动的局面使得在这期间这些行业难以全面恢复运行。一部分企业难以为继。

制造业企业会因为用工困难、成本上升、订单减少而陷入困境，勉强开工维持或者处于半停滞状态。

当然也有例外，如医药医疗和医疗器材等行业会得到短暂的发展。

第二阶段大概在两个月左右之后出现，持续半年到一年，可称为“对行业的短期影响”。在这个阶段，一方面政府对人员流动的管控适度存在。另一方面大部分国人依然保持着谨慎心态，虽然工作生活开始正常，但一时不会恢复原先的习惯，比如不愿意上街吃饭，抑制旅游冲动等。所以这一时期绝大部分传统服务企业处于恢复状态，但业务规模在三个月到半年里难以恢复到往年同期水平。

同时，需求萎缩将会波及更多的服务企业和制造企业，

可能出现全方位的萧条。当然，政府会出台一系列刺激经济的举措，全国范围内的基础设施建设会继续进入高潮，与之相关的行业会得到激励。新型战略性行业如生物医药、人工智能等会继续得到资本青睐而持续发展。甚至房地产业也会在一定范围内得以复苏。

另外，电子商务以及各类线上业务会蓬勃发展，对网络通信器材以及各类软件的需求也会迅猛增加。一些基于大数据和人工智能的线上商业模式和采用这种商业模式的创业企业将蓬勃兴起。

第三阶段大概会在一年后出现，可称为“对行业的长期影响”。这时绝大部分需求恢复正常。不过许多行业在过去的一年里经历了重新洗牌，好的企业弯道超车、脱颖而出，当然也有相当一批企业无法生存下来。有些行业在疫情中凤凰涅槃，通过转型升级获得新的发展。

有几个动向值得关注：

一是在线教育可能大规模兴起。由于之前两个阶段的影响，在线教育的优势进一步凸显，无论是新型办学机构还是传统办学机构如全日制大中学，教学双方越来越适应各类线上教育的互动形式，在线教育有可能成为主流教育模式之一。

二是产业互联网平台可能获得大规模发展，进而改变一些行业的价值链和商业生态形式。面对未来一年里中小企业生存困难的严峻挑战，会有一批先行者搭建互联网平台，为这些中小企业解决采购、销售乃至融资等一系列问题。在资本市场的支持下，这些平台可以（至少在短期内）大大降低这些中小企业的运营成本，提高其经营效率。政府也会乐见其成，积极扶植这些平台的发展。

严冬过后是春天。非典过后，中国的互联网经济乘势而起，电子商务领域一大批平台如雨后春笋般出现在许多行业里，这其中又何尝没有那场疫情逼迫的“功劳”呢？

今天面对新的疫情，有党中央坚强领导，有全国人民齐心协力，只要撑过眼前这一段难熬的日子，就一定能看到许多行业的春天！

灾难中的中国如何学会坚强和成长

陈　凌

浙江大学管理学院教授，德国柏林洪堡大学经济学博士，浙江大学管理学院企业家学院院长，浙江大学全球浙商研究院副院长。主要研究领域：家族企业管理和比较企业史。

作为一个管理学研究者，此时此刻，在安静的书桌前我的心情难以平静。“哪有什么岁月静好，那是因为有人在为你负重前行”，我相信每个人对这句话的理解会更加深刻。对于这个突如其来的全民防疫战，我有以下思考：

第一，《孙子兵法》中知彼知己，百战不殆的古训，告诫我们要打赢这场战争，首先要了解自己，了解对手。这次全民防疫战的敌人难以对付的地方就在于，它是一种新型冠状病毒，虽然致死率并不高，但是具有较强的传染性。迄今为止，国内外医学界的顶级专家对这一病毒也了解有限。全民防疫战争的关键在于利用现代科学和技术认识新型冠状病毒，了解它的传染性和传播规律，直至找到有效的药物和疫苗，从而控制住整个疫情。在这一战场上，中国各个高校和专业机构的研究人员正在日夜奋战，他们并不是孤立无援。疫情发生之后，世界卫生组织及其主要成员的研究机构以各种方式参与其中，这些努力说明，疫情不是一地一国的，而是受到全球的共同关注。人类只有一个地球，各国共处一个世界，2012 年 11 月党的十八大明确提出了“人类命运共同体”，我觉得 2020 年全民防疫战争中的各种跨国合作多层次展开，很好地印证了这一全球意识的重要性。面对具有较强传染性的新型冠状病毒，中国作为一个负责任的大国，无论付出多大代价都要严防死守，打赢这场战争，切实防止疫情向广大农村蔓延，同时防止疫情向国外蔓延。

第二，正是由于这一基本事实，党和国家极其重视这次疫情，制定了超常规的大力度和宽范围的全民阻击策略，尽量将疫情控制在有限的范围内。这次全民防疫战争考验着全国各级政府的公共管理能力，既有特殊灾情所需要的危机管理能力，也有基本的日常公共管理能力。这次疫情防控比过去地震、洪涝和大面积火灾等的灾害防治更为复杂。如何避免病毒扩散，同时把封锁措施给各种特殊群体带来的影响降到最低，又要保证社会经济正常运行，这是一个浩大复杂的系统工程。从全国各地对疫情的处置来看，各个省市政府的公共管理能力有明显的差距，其中的经验教训值得认真总结。

第三，这一战争的最终胜利需要每个公民的主动配合和积极参与。由于这次卷入防疫战争的机构和人员的数量史无前例，因此是一次非常好的全民灾难教育机会。虽然中国历来是自然灾难频发的国家，但是我们一直用集中力量对付灾难，普通民众的参与很少，国民的危机意识和灾难防范意识普遍薄弱。我在阅读很多“长寿”企业的历史时发现，德国、日本、以色列等国的“长寿”企业都有遭遇灾难（包括战争和自然灾害）的经历，这些灾难给企业确立核心价值观、增强员工凝聚力和打造企业文化留下了难以磨灭的印记，因此，真正优秀的企业不惧怕灾难，因为灾难之中企业的成长和磨炼是最为有效的。这次疫情把 14 亿国民困在家里，人们通过网络沟通，这是一个难得的全民讨论和全民学习的机会。每个中国人都要在这场战争中学习，学习如何增强危机感和责任感，如何变得勇敢和坚强，如何成为一个合格的公民。

第四，网络社会通信发达，应该如何对待信息公开和言论自由？这是这段时间全国网民热议的话题。国内大多数人是从武汉八位医生在网络上发布消息开始知道疫情的。回头来看，我们有可能错过了及时发现和控制疫情的最佳时点。这个教训说明，政府有关灾情的信息公开对于防疫救灾是多么重要。各级政府都对疫情进行信息公开和及时通报，专家的各种声音可以在大众媒体上听到，这样的舆情公开不可避免地会造成局部的恐慌，但是我认为，这恰恰是面临新型冠状病毒应有的理性行为。和网络上信息公开相对应，各级政府的相关部门要及时公开披露信息，不能放任各种消息无序传播。

中国必须更加开放，政府的政务信息要公开，全球新闻、学术和文化资源要开放。中国的道路自信和文化自信首先应该体现在全方位的开放上。毫无疑问，信息公开和由此带来的舆论监督会给各级政府的工作带来压力，刚开始实行时会感觉到处有问题，但是2020年如此大规模的疫情明白无误地告诉国人，我们必须勇敢地走出这一步。

抗击疫情仍在进行之中，每天都有令人感动的人和事，也有令人伤心的牺牲和损失。我们必须勇敢面对，认真吸取其中的经验教训。如果了解了武汉疫情的真实发生过程，未来的历史学家也许会得出这样的结论：这是一场完全可以避免的灾难。如果我们为此付出惨重的代价却仍然不能吸取教训和学习成长的话，那么意味着我们白白地遭受了一次灾难。

“疫”后企业发展的政府建议

潘　煜

上海外国语大学国际工商管理学院教授、院长。主要研究领域：神经科学与管理学的交叉领域、信息系统中的用户行为。

2020年新春至今，新型冠状病毒不断扩散，我们以举国之力共抗疫情。由于这次疫情以直接接触传播为主，居家隔离成了全民抗疫的最佳选择，也取得了不俗的效果。

然而，居家隔离意味着员工在春节后无法正常上班，复工后整个市场秩序需要调整与恢复。本次疫情对我国整体经济造成了巨大的冲击。

在本次疫情中，我思考了中国企业升级转型的关键问题，向政府相关部门提出以下政策建议：

一、加大力度建设覆盖全国的医疗卫生保障体系

对于本次新冠肺炎疫情，我国政府采取了十分有效的管控措施，不仅有效控制了病毒在国内的传播，也防止了病毒在全球范围内的传播。世界卫生组织虽然将新冠肺炎疫情确定为“国际关注的突发公共卫生事件”，但不建议实施旅行和贸易限制，并再次高度肯定中国的防控举措。这是对我国医疗卫生保障体系的肯定。

但是，我们仍需要加大力度建设覆盖全国的医疗卫生保障体系，加强病源预防、疾病控制、医疗救治等公共医疗卫生优质服务，解决公共医疗卫生优质资源短缺、资源分布不均衡、结构不合理等问题，以应对时刻变化的外部形势以及各种突发的卫生事件。

二、加大力度完善民生保障体系

在本次疫情中，反抗检测的事件屡有发生。上海市甚至发生确诊病人从医院逃跑，警察堵住其逃跑时所乘坐的公交车，以至于整车人员全部隔离的事件。这可能是部分民众担心无法承担高额医疗费用导致的。

1月25日，按照党中央国务院的决策部署，财政部、国家卫健委联合发布《关于新型冠状病毒感染肺炎疫情防控有关经费保障政策的通知》，积极落实疫情防控经费保障政策，支持各地坚决遏制疫情蔓延势头。通知明确落实患者救治费用补助政策，对于确诊患者发生的医疗费用，在基本医保、大病保险、医疗救助等按规定支付后，个人负担部分由中央

和地方财政给予补助。

也就是说，感染疫情的人员基本是免费治疗。但在该通知发布后，抗检、逃跑等事件还时有发生。这次对突发疫情的处理暴露了严酷的社会问题，看病难、看病贵仍是广大民众的心上利刃。我们需要加大力度完善民生保障体系，养老金、医保体系，全面建成覆盖全民、城乡统筹、权责清晰、保障适度、可持续的多层次社会保障体系，确保广大民众老有所养、病有所医。

三、加大力度拓展义务制教育体系

在抗击疫情过程中，造谣与传谣的事件屡禁不止，谣言包括戴多层口罩防病毒，口罩不同佩戴方向有区别，政府安排飞机洒消毒水，钟南山院士建议盐水漱口防病毒，钟南山院士被感染等，部分相关机构（例如双黄连事件）甚至也卷入其中，造成了极其恶劣的社会影响。政府相关部门在组织抗击疫情的同时还需要不断辟谣。

然而，造谣动动嘴，辟谣跑断腿。广泛造谣和传谣的一个重要原因是大量民众文化水平有限，难以分辨谣言。相关谣言在大学生等高文化水平群体中的传播较少。因此，加大力度拓展义务制教育体系刻不容缓。

义务教育是我国教育事业的重要组成部分，学制时长直接关系到义务教育的质量，对提高广大民众的素质、促进经济社会快速健康发展有重要作用。延长义务教育年限，从9年扩展到12年甚至16年，有助于在制度上保证贯彻国家的教育方针，实现教育目的。

四、加大力度扶持各类企业，尤其是民营、小微企业，减少其负担，提高其盈利能力

企业是国家经济的重要命脉，而民营、小微企业是支撑中国经济的最大主体。根据《中欧商业评论》中的《清华、北大联合调研995家中小企业，如何穿越3个月的生死火线》，关于账上现金余额能维持企业生存的时间，67.1%的企业可以维持2个月，85.01%的企业最多维持3个月，只有9.96%的企业能维持6个月以上。29.58%的企业估计疫情将导致2020年营业收入下降幅度超过50%，28.47%的企业预计营业收入将下降20%～50%，合计58.05%的企业2020年营业收入下降20%以上。

2月2日，苏州市出台了应对疫情支持中小企业共渡难关的10条政策意见。随后，上海市、北京市、山东省、江西省、广东省等地也陆续出台了应对疫情的支持中小企业平稳健康发展的措施，进一步为中小企业减负解忧。相信其他省市也会迅速出台各项针对中小企业的政策。

本次疫情给我国各类企业，特别是中小企业，带来复工时间不确定、高成本、现金链断裂等问题，给企业生存、发展与创新造成了极大威胁。政府应该进一步明确企业发展的重要作用，加大力度扶持各类企业，尤其是民营、小微企业，减少其负担，提高其盈利能力。在未来可能出现的突发事件中，帮助各类企业提升抵抗风险的能力。

如何应对灾难和危机?

刘文瑞

西北大学公共管理学院教授。主要研究领域：管理思想史、文化史、中国政治制度史和管理理论等。

本文写于2009年，但无论应对何种灾难和危机，基本思想和原理都是一样的。在全国抗击新冠肺炎疫情的关键时期，我对原文进行了修改，希望对疫情的防控，以及奋进在抗疫斗争中的组织、个人有所帮助。

1976年出品的电影《卡桑德拉大桥》是灾难片的鼻祖。由于这部电影以美国人研制致命病菌为背景，所以，当年人们过于关注这部电影的冷战意义，而忽视了它的管理学意义。下面我从管理学的角度探讨人类如何面对危机并战胜危机。

一、危机中的价值选择

面临危机时，作为管理者，首先要面对的是价值准则的选择。比如，电影中的病菌扩散，国际列车猛然间变成了疫区，更要命的是无法医治。如何应对这种紧急状态？知道情况严重性的美军上校、世卫组织医生和作为乘客的张伯伦，显然在价值准则上是不一样的。美军上校以保守研制病菌的秘密为第一要务，而张伯伦以救助病人为首要原则，世卫组织医生则在二者之间徘徊。

对于管理者而言，不是在正确与错误之间进行选择，而是在轻重之间进行选择。这是考验领导人真正水平的地方。小到一个企业，大到一个国家，在出现突如其来的重大经营危机时，领导人会被推向这种选择的风口浪尖，不容狐疑不决，无法回避躲开。

这种选择会对对策产生决定性影响，一旦付诸实施，通常是不可逆的。因为一旦实施对策，就付出了成本，而要逆转对策就不能不考虑沉没成本。沉没成本的积极意义是保持决策行为的稳定性；消极意义则是对纠正失误造成阻碍。所以，这种选择一开始往往不会显示出很大的危害，但开弓没有回头箭，你只能一步步走下去。有许多事后看起来明显有重大失误的决定，一开始其实失误并不明显，甚至只是一点点完全可以理解的顾全大局的牺牲。然而，这种牺牲会在后续发展中迅速扩大。扩大的程度连当事人也意想不到。

二、危机中的合力

价值观念的不同会导致解决方法的差异。电影中的上校和医生对严重传染病的解决方法是两种。简单说，上校寻找的是如何控制住局势的方法；而医生寻找的是如何控制住病情的方法。当然，这二者之间是有连带关系的，但是，在具体操作上存在着巨大的差别。

危机管理中，反而有一个常态下不具备的优势，就是容易集中力量，放弃或者搁置平常的分歧。人类社会在战争、瘟疫、天灾中会很自然地形成合作，这是一种本能的反应，而不是什么觉悟或者美德。作为管理者，必须清醒地认识到这种合力是势之使然，并且充分利用这种合力渡过难关，千万不要以为这种力量凝聚是自己领导有方。而如何因势利导把这种凝聚力充分发挥出来并用在战胜危机上，则是管理者的要务。

管理者必须明白，这种在突然爆发的危机面前形成的合作是短暂且不稳定的。一旦形势稍有和缓，分歧甚至斗争就会再度出现。战胜危机计划的成功之处，不在于在困境中能够提出看起来有胜算的计划，而在于恢复常态后在各种矛盾权衡中能够把这个计划坚持下来。

三、危机中的处理方法

要想解决危机，必须进行相应的原因分析。在现实管理中，经常可以看到的是管理者的应急对策压倒常态管理，充当消防员的角色。消防队成功灭火只是恢复了常态，不等于减少了以后发生火灾的可能。一旦展开危机原因分析，就会因为管理者立场、角度、技术、信息、经验的差别，在根治危机的方法上形成不同意见。电影中的上校和医生正是在这种原因分析中出现了分歧。上校从军队指挥的角度出发，知道谁是这场危机的罪魁祸首，所以，他寻找的解决办法是如何保守军方的秘密。而医生是从治病救人的角度出发，运用他的专业知识，寻找杀死病菌的方案。这样，在如何隔离病人上，两人产生了尖锐的冲突和对抗。

电影为了彰扬道义，把上校推向了“与人民为敌”的处境，这正是现实中的管理者需要引以为戒的。但这种艺术性处理方法只能满足人们观看电影时对道义的需求，不能解决现实中的两难处境。撇开道德伦理，仅仅从管理技术上看，上校的做法对于战胜危机也是不可取的，因为这种做法不能真正战胜疫病。这反过来给现实中的管理者一记警钟，在治理危机的方法上，需要抛弃假象，针对危机的真正原因采取措施。而这种措施的寻找和确定，离不开真正的内行。如何发挥内行的作用，但又不是让内行进行平时那种不紧不慢的研究，需要根据实际需要恰当把握。

四、危机中的信息管理

古今中外，出现危机时，常见的是当局者在第一时间封锁信息。从稳定人心、防范不必要的恐慌出发，封锁信息有它的合理性，但副作用极大。

因此，危机中的信息管理，首先要着眼于如何做才能不至于引起恐慌和骚乱。当事人不知道有危机时，可以封锁信息；一旦知道有危机存在或者正置身于危机之中，就需要迅速公开信息。信息公开是制止谣言、防范恐惧心理的最好方法。同时，对寻找解决危机方法的关键人物，如电影中的医生，要给他提供最全面、最及时的信息。

五、危机中的心理调整

电影中，几乎涉及这场疫情的人都有自己的恐惧。逃犯恐惧自己被抓住，上校恐惧丑闻被曝光，医生恐惧病情不可收拾，犹太老头恐惧再次回到集中营，病人恐惧死亡，甚至未出场的列车外部人员也会恐惧疫情的传播。对于战胜危机来说，恐惧是最大的敌人。电影中，各色人等的恐惧都对化解危机造成了或大或小的阻碍。现实中，恐惧更是危机破坏力的助推器。所以，1929 年经济危机爆发后，罗斯福为了战胜危机，曾经多次强调最大的危机是恐惧本身。从罗斯福新政期间的种种举措来看，这些举措在消除恐惧方面的作用远远超过了经济复兴的作用。比如，大规模的政府投资和政府工程尽管在就业方面立竿见影，但显然在效益方面乏善可陈，反而造成了大量豆腐渣工程。这些工程的唯一好处就是让人们安心。作为管理者，对于克服危机举措的心理作用，应当予以必要的重视。

治理篇

加快推进应急管理体系创新和治理能力提升

陈晓红

中国工程院院士，湖南工商大学校长，中南大学商学院名誉院长，国家自然科学基金委员会委员。

应急管理体系与治理能力建设是一项全员参与的重大系统工程，涉及面广，与人民群众利益密切相关，也是社会进步的重要标志，是国家治理体系与治理能力现代化的重要组成部分，是维护国家长治久安的必要保障。此次新冠肺炎疫情，暴露了城市应对重大疫情的脆弱性和应急管理功能的严重不足。

首先，重大疫情应急管理顶层战略规划落后，基本设施保障缺乏。我国公共安全应急管理在“五位一体”总体布局中的战略定位和规划尚不明确，应急管理体系中专业性与保障性职责不够明确，部分地方公共安全应急规划及责任缺位，重救援、轻准备，应急管理体系亟待完善；疫情应急管理体制固化，管理效能层级递减，缺乏应变能力；疫情应急管理法制建设滞后，难以落实，应急资源普查、灾情数据库等基础性工作较为薄弱。

其次，疫情应急技术应用与实际需求脱节，政府治理模式滞后。目前危机治理技术应用还是简单化、碎片化的，数据、决策、指挥、应急、智能反应等环节间缺乏互动，难以为重大突发危机应急决策提供支撑，而且政府治理模式相对滞后，缺乏相应的管理制度使智慧理念落地、使智慧技术运转，在公共安全治理中缺少系统性、整体性的规划。

再次，疫情应急多元主体协调机制缺失，社会参与水平较低。我国政府部门相对独立，协同机制不够健全，信息壁垒现象严重，数据传递及共享效率低，存在着多头指挥、救援力量调用过度、各自为战等现象，造成重复建设、资源错配；社会公众对公共安全治理的主动参与不足，缺乏互动机制，制约智慧治理的自主性、创新性的发挥。

最后，疫情应急人员专业能力较弱，救援需求难以满足。我国缺乏专业化重大突发公共事件应急人才，部分应急管理人员难以承担指挥职责；复合型救援队伍非常欠缺，专业型应急救援志愿者队伍匮乏，志愿者队伍流动性比较大、专业能力有待提升；专业应急救援经费不足，救援人员待遇较低，人才流失严重。

习近平总书记强调，要推进治理体系和治理能力现代化，统筹做好疫情防控和各方面工作。通过对这次疫情防控过程的深入反思，我们认为亟须推动和实现我国突发危机下公共安全应急体系以及治理模式的创新，并有效构筑长效机制。针对上述问题，建议依托智慧城市建设，目标明确、分层清晰、系统优化地推进我国重大疫情下应急管理新模式。

一、完善重大疫情预警机制，提升应急治理能力

1. 完善大数据驱动的重大疫情预警机制

第一，完善市域层面的重大疫情应急管理数据库建设，借助云采集、云存储、云计算等新兴技术支撑重大疫情的大数据运行，全方位描述重大疫情的性质、处置方法并及时动态更新。第二，研发和部署重大疫情监测设备设施和后台配套软件，利用智慧城市大脑系统平台，对海量信息进行快速分析，驱动应急决策。第三，创新应急响应机制，采用风险专业化识别、专家综合研判与评估技术、智能预警信息精准靶向发布技术、城市安全运行监测预测预警技术等，形成重大疫情监测与快速预警、次生衍生风险预测预警，共同创建面向新型智慧城市的交互式公共安全预报预警服务系统。第四，建立健全应急管理、公共卫生、市场监管、物资储备等实时联动的市域综合治理体系，把制度优势转化为疫情防控工作优势。

2. 优化重大疫情应急资源区域协同配置能力体系

第一，完善应急管理部门和其他突发事件应急机构的横向工作协调机制，建立应急管理跨区域联防联控合作工作机制，毗邻地区、区域之间针对重大疫情编制联动应急预案，加强应急信息通报，开展共同应急联防，就近调度资源，开展联合应急处置；强化城乡一体推进机制，以中心城市带动周边城市，综合提升城市应急响应和应急管理能力。第二，充分利用以大数据与云计算为代表的现代信息技术，搭建政府与非政府组织的重大疫情应急合作平台，推进双方网络化渠道沟通，创新市域协同应急体系。第三，建立大数据+人工智能+区块链支撑的应急指挥调度系统，交通、通信、医疗卫生、食品、能源等各部门协调联动，构建智慧应急资源储备和分配机制平台，搭建协同共享的应急资源保障体系。

3. 完善重大疫情网格化管理机制

第一，针对重大疫情呈现“人传人”等特点，构建“大联动+中循环+微治理”市域智慧治理新模式，划分市、县、乡、村四级城市管辖单元，建立横向到边、纵向到底的网格化管理体系，整合网点单元医院救治能力和物资调配能力，依托互联网打造综合社区应急联动救治平台。第二，发挥社区动员能力，发挥基层党组织效能，最大限度阻断新型冠状肺炎传播途径。建设专兼职结合的硬核宣教工作队伍，加强舆论引导，监测社区群众体温及行动路线，报送排查情况，严格落实各项防控措施，各辖区纳入网格管理小组，厘清责任清单，夯实主体责任，实行包干责任制。

二、对接智慧城市信息化平台，完善疫情应急管理体系

1. 加强智慧城市重大疫情信息化平台建设

第一，要加快城市应急管理平台与现有的智慧交通、智慧医疗、智慧政务等智慧城市云平台的数据共享，以“互联网+社会治理”思维为引领，将防护服、口罩等各类疫情防控资源整合共享。第二，以互动式信息化平台带动市民社会和社群组织，不断完善重大疫情公众参与机制，发挥城市融媒体中心作用，鼓励市民通过直播、专线电话等多种方式参与到应急资源分配、医疗设施工程建设等监督工作中，完善重大疫情防控工程和事务的云监管机制。第三，建立常态化应急大数据保障机制，由工信部牵头组织各省市有关部门汇集本地大数据资源，由专门数据分析团队对全国新型冠状肺炎疫情进行更加全面的分析和预测，官方及时、常态化发布分析结果，及时辟谣，减少恐慌，引导人群节后合理流动和分批复工。第四，应急管理体系建设应包含建设标准的量化指标，如应急物资的储备量、应急专业人员配备、志愿者协会等。

2. 完善重大疫情应急管理多层次预案体系

第一，提高应急预案针对性水平，重大疫情专项预案编制过程应深入开展调查研究，严格执行应急预案框架指南等有关规定，匹配疫情突发风险的隐患等级与应急能力并实行应急预案动态管理。第二，加强防疫应急预案演练和社会公众防疫宣传培训，通过新媒体等手段及时展开重大疫情防控

应急预案宣传培训并进行实地演练。第三，将军民融合机制引入重大疫情应急预案体系，拓展国防资源民用功能，完善统一领导、军民协调、顺畅高效的组织管理体系，军民融合、军民联动共同应对疫情严重区域。第四，完善重大疫情复产复工预案，全力满足疫情防护物资生产重点企业复产用工需求，引导企业、员工做好自身疫情防控，协助企业做好复工报批工作。

三、加快疫情应急管理顶层设计，推进应急管理法制建设

1. 加快以智慧城市为依托的应急管理顶层设计

第一，加快数据驱动的智慧城市重大疫情应急管理模式变革，布局并重点发展城市重大疫情监测预警、风险研判与评估、应急决策和协同处置集成平台等前沿技术，构建高效一体化的应急管理专业队伍与统筹协调的应急保障体系。第二，完善城市重大突发事件群体应急决策机制，突破传统决策模式，建立多专业领域高层专家组、政府应急部门、社会组织和社会公众参与组成的群体应急决策机制。第三，推进应急救援队伍深度融合，推进技能培训和专业优势互补，培养常备应急骨干，激励引导社会力量参与应急管理，建设专业化应急志愿者队伍。第四，加强国民应急知识教育，从儿童抓起，提高全民素质。

2. 加快推进重大疫情应急管理法制建设

第一，启动重大疫情综合立法研究，整合一般性法律规

范中与应急管理有关的规定，纳入新应急管理法范畴，并建立应急管理立法储备库，加快运行应急管理和风险防控立法保障。第二，尽快研究出台重大疫情应急管理和风险防控行业定额、标准规范、技术规程，推进各类应急管理计划具体化建设。第三，进一步推动与应急管理法治体系相匹配的体制机制保障建设，确保相关法律法规在疫情应急实践中产生更好的效果。第四，从政策法规层面明确应急物资资源的合理损耗标准，包括考虑时效性的失效与补充，并将应急物资作为国家的战略性储备进行管理。

以专业精神应对疫情，提升政府治理能力

伊志宏

中国人民大学商学院教授，曾任中国人民大学副校长、商学院院长。主要研究领域：公司财务理论、资本市场与企业创新。

猪年末鼠年初突如其来的疫情令正准备欢度新春的国人陷入恐慌。新冠病毒传播特点未知、春节假期人员大规模流动、现代通信技术条件下信息的快速传播，使得这次疫情应对面临前所未有的复杂性和不确定性。大灾大难是对政府治理能力的严峻考验。疫情当前，在党的坚强领导下，以专业精神应对疫情，提升政府治理能力和治理水平，三个方面尤为关键。

第一，充分有效的信息沟通和信息共享。在通信技术高度发达的今天，充分的信息沟通与信息共享是政府公信力的

基础，是凝聚共识、增强国民应对疫情信心的保障，也是一次加强国民教育、提升国民素养和认知水平的机会。

第二，充分的赋能。疫情短时间的爆发给社会生活方方面面带来极大挑战，如何有效应对？既需要统一指挥协调，又需要群策群力，发挥社会各有机体的积极性。改革开放 40 多年，我国在各个领域成长起大批高效率的企业、有一定专业能力的社会组织，国民的社会服务意识也有很大提高，很多志愿者冒着生命危险活跃在疫情防控的第一线，这些积极的力量应当通过有组织的体系充分发挥其作用。

第三，重建信任，体现关爱，构建有温度的政府治理体系。疫情是对社会信任的极大挑战，疫情防控既要管控，又要体现人文关怀。疫情当前，大批被感染的患者及其家人，在救治一线的医护人员，在防控一线的社区工作人员、安检人员、公职人员需要社会的关爱，外地返城人员、城市租住人员也需要社会的关爱。病毒无情人有情，疫情终会过去，有人文关怀的防控措施将有助于构建有温度的政府治理体系，重建社会的信任。

随着科学技术日益发达，世界变得更加复杂，不确定性大大增强，各种突发事件越来越多地影响我们的生活。组织和社会，唯有不断学习反思、从错误中吸取教训，才能避免重蹈覆辙，不断进步。面对快速变化、日益复杂的环境，个体的知识和认知都有局限，原有的观念、体系和方法都受到挑战，企业、社会组织、政府都需要更新理念，唯有相信群众和依靠群众，才能提升治理能力，建立现代化的治理体系。

工业化时代建立的垂直僵化的企业管控系统已经难以应对日新月异的变化，只有迅速响应、快速迭代、不断创新的韧性组织才能适应。同样道理，政府治理体系也需要学习和借鉴企业组织的生存法则：激发个人的创新动力，保持社会有机体的活力；激发组织的创造性，发挥企业和社会组织的作用；构建公开透明的信息渠道，保持言路畅通，保障快速有效的信息沟通和信息共享，允许批评、质疑甚至反对的声音存在；尊重知识，将政府决策建立在科学和专业的基础上；尊重生命，以人民利益为重，建立服务型而非管控型的政府治理体系。

突发疫情下的政府治理要急补短板

李维安

南开大学讲席教授，中国公司治理研究院院长。研究领域：公司治理、社会组织治理。

由于此次疫情具有突发性、高风险和蔓延快的特点，其防控难度已远超此前历次公共卫生事件。中共中央政治局常务委员会2月3日召开会议指出，这次疫情是对我国治理体系和能力的一次大考。当然，此次疫情的应对也是对现代化治理体系和治理能力有效性的一次大检验。这次考验能否合格，关键要看此次应对突发重大公共卫生事件启动的政府治理、社会治理和公司治理在内的应急治理体系是否有效。

应对突发重大公共卫生事件启动的政府治理、社会治理和公司治理的应急协作机制要顺畅，就要尊重和利用好其基本规律和原则。

一是借用原则。火神山医院建设就是借用公司治理的效率性来实现公共目标，自然辅以日招工最低千元付酬的合理激励以充分调动员工的积极性。而武汉红十字会等在捐赠物资发放过程中依靠单一行政治理体系运作，行动迟缓。

二是分类治理原则。应急协作时强调借用而非征用，就是要考虑各方治理主体的优势和积极性，以实现政府、企业和社会组织等利益相关者之间治理机制的有效衔接。

三是成本分担原则。应建立协作成本社会分担机制，对于参与应急处置的利益相关方的成本支出及额外损失进行合理补偿，以利于整合社会中多渠道救援力量，妥善化解公共安全危机。

这三个原则对于我国企业来说，也为其参与到政府治理和社会治理中共同应对疫情提供了平台和机会。

现在来看，作为这一治理体系核心的政府治理发挥了重要作用，但显然还存在一些短板。如应急治理的顶层设计待健全，政府治理、公司治理和社会组织治理的协作机制待理顺，不同类型组织分类治理待加强等问题较为突出，对应急公共卫生治理体系稳健性提出了挑战。

一、重大公共卫生事件应急治理的顶层设计待健全

在抗击疫情工作中，着眼于应急治理体系有效性和打胜仗的要求，首先要优化顶层设计。非典后我们着力建立了应急管理体制，但是这次再怎么准备也不够，我们看到国内外

踊捐的大量防护物资等“躺在”临时库房里，一线的医护人员却频发揪人心肺的防护用品告急，武汉红十字会的几十个人在忙得团团转。不是资源不够（春节期间除了医护一线，全国都在放假，也意味着都是可用的力量或资源），而是机制的设计不健全，没有立即形成多元治理的应急协作机制。政府在号召上、社会组织在发动的社会性上谁也代替不了，但企业在专业工作的效率上是最高的。因此，应急协作机制要形成互补才有效率。

首先，明确物资供需、央地协同、信息发布等各项工作制度，加强公共卫生法治保障。

其次，鉴于疫情多区域蔓延态势，适时整合医疗、政府、企业、慈善救助等主体，构建跨区域联防联控工作机制。

再次，聚焦紧急救助、康复治理、心理辅导等救治工作需要，多渠道充实一线防疫团队构成。

最后，简化涉疫行政审批流程，明确一线干部授权和工作生活保障，解除其后顾之忧。

二、政府治理、公司治理和社会组织治理的协作机制待理顺

在应对突发重大公共卫生事件启动的政府治理、社会治理和公司治理构成的应急协同治理体系中，政府是剩余风险终极承担者，应当加大协调工作力度，真正发挥应急治理体系集团化协同作战优势。

首先，应当构建各类治理主体沟通衔接平台。疫情应对

涉及多个政府部门、医疗机构、民间非营利组织、各类企业等相关主体，例如医疗机构和民间非营利组织之间沟通不畅就会导致医疗机构物资紧缺与民间非营利组织物资滞存并存的现象。

其次，疫情应对的应急协作应强调“借用”而非“征用”，不能采用“一刀切”的方式，要照顾各利益相关方合理利益诉求。

三、不同类型组织分类治理待加强

各类治理主体各有所长，要贯彻分类治理思维，尊重和利用各类组织治理的基本规律和原则。比如，火神山医院建设就是利用了企业治理的效率性来实现公共目标，也就要按照企业加班薪酬“最低日薪千元”来合理激励员工。

首先，完善地方政府治理结构，强化社会监督、履职激励、失职渎职问责机制建设，提升地方政府治理能力。让官员从文山会海中解脱出来，进入战时状态，全国都盯着，一般不敢不作为了。但是像武汉红十字会那样只会沿用行政治理的老办法，揽资源，忙着登记留痕迹，耽误抗击疫情大事，就是新形势下最大的不作为。

其次，按照独立性要求，强化慈善机构社会型治理，弱化行政型治理，提升慈善机构疫情应对的及时性和有效性。这里主要涉及非营利组织治理的独立性问题。国内外民间捐钱捐物给慈善组织等非营利组织首先要有信任，而信任性主要是建立在其独立性基础上的。只有这样才能发挥好独立于政府（第一部门）和企业（第二部门）作为第三部门的作用。

最后，继续推动公司的经济型治理转型。应对疫情，不仅要接受企业的捐款捐物，还要引入企业高效的专业机制和有偿的服务。我们建议企业主动提供给医护人员的酒店房间、配送的盒饭、隔离房间等都应该由财政及社会来承担成本，这样既给企业提供了贡献的机会又减少了它们的损失，也才是可持续的。

突发疫情下创业生态系统的构建要发挥政府的作用

蔡　莉

吉林大学教授、博士生导师。现任吉林大学党委常委、常务副书记，中国科学学与科技政策研究会副理事长，国家自然科学基金委员会管理科学部专家咨询组成员，兼任《科学学研究》《吉林大学学报》等多个期刊编委会委员。多年来从事创业与创新管理研究。

面对突发疫情，中小企业特别是新创企业困难重重。新创企业一般具有新和小的劣势，合法性较低，正常情况下其生存和成长都面临很多困难，在突发疫情这种高不确定性环境下更显得不堪一击。很多创业者或企业家都在思考企业突围路径，政府也在积极采取措施帮助企业渡过难关，一些地方政府推出了应对疫情的相关举措，但多为应急性的，还缺乏系统性。如何处理好各项举措的短期和长期、局部和总体的关系，政府应该思考。创业生态系统的构建可以弥补这些短板。创业生态系统是由多种参与主体及其所处的创业环境构成的有机整体，彼此间进行着复杂的交互作用，其目的在于提高系统的整体创业水平。创业生态系统的最大特点是强调多主体的相互作用。

创业生态系统的形成一般是自发的，但也有一些是政府参与或主导构建的，如北京中关村模式。基于我国的制度优势，生态系统起步阶段政府参与甚至扮演关键角色，而后吸引社会资源逐步按市场规律运作不失为一种路径选择。在突发疫情面前构建创业生态系统更要发挥政府的作用，以帮助新创企业渡过难关。

在突发疫情面前，政府不仅在疫情防控中发挥重大作用，同时在社会治理、营造企业逆势突围的良好环境等方面也都扮演关键角色。创业生态系统以创业者为核心，新创企业在生态系统环境下可以实现抱团取暖，提高其生存率。面对疫情，新创企业存在人力资源短缺、原材料供应受阻、交付订单压力等问题，政府可以参与，甚至作为主导者在构建创业生态系统中发挥作用。

第一，政府作为系统的战略规划者，根据环境的变化和各自的需求把不同的主体组织起来，倾听他们的意见，识别关键需求。从系统角度思考，既考虑近期需求又考虑长远发展需要，对企业分类施策，如根据各类主体对人力资源的需求按照相关规定分步采取解决措施，使企业的商业模式与系统的宏观战略相适应。同时，各类主体在生态系统中可以资源互补、风险共担、利益共享。突发疫情从一个角度看对企业是挑战，但从另一个角度看或许是机会，在政府参与构建的生态系统中，伴随着多主体的互动，生态系统发展会出现不平衡，有些主体可能发现新的商机，从而吸引投资机构、大企业等进入，这些主体的进入不仅会带来资源，也会带来市场经济的运作机制。

第二，面对突发疫情根据新创企业创建和成长的规律推出“雪中送炭”的相关政策，如企业经营用房租金的减免、延期申报纳税、职工养老保险的延期补办补交等，一些地方政府已经推出相关政策措施，但要注重各种政策工具的优化组合。另一方面，从新创企业寿命周期规律看，有一部分企业抗风险能力较弱，面临破产清算的风险，政府应积极应对，制定有利于企业破产清算的相关法规，提出在特殊时期尽可能简化处理破产清算程序的举措。

第三，从生态系统治理的角度看，创业生态系统的治理一方面是制度上的“硬治理”，生态系统中的规则和标准规范了主体间的相互作用；另一方面要注重共同逻辑的“软治理”，在突发疫情面前，企业不仅仅缺乏资源，更容易缺乏信心。生态系统中主体间存在共同逻辑，包括信任和共同意识。政府应在未来发展理念方面帮助企业树立信心，使之对未来目标产生认同感，可在舆论宣传和文化氛围营造上推出举措。同时，要尊重和引导创业者的首创精神，并加强宣传。

危机应对协同体系的升级

——政府的角色和作用

席西民

西安交通大学管理学教授、博士生导师，西交利物浦大学执行校长，英国利物浦大学副校长，陕西MBA学院常务副院长。于1987年创立了和谐理论，并将其扩展成和谐管理理论。主要研究领域：战略管理及政策分析、决策与决策支持系统、管理行为与领导理论等。

疫情爆发，各级政府启动应急响应。因病毒看不见、摸不着，人群快速移动，防不胜防，人们危机感、焦虑感不断加剧。各种杂乱信息借助网络铺天盖地，更加剧了人们对（小概率）感染的恐慌。因此对政府的依赖感（包括平时抱怨政府的人）快速上升。政府一系列甚至极端的措施正在控制和阻断病毒的蔓延，但因恐慌情绪哄抢口罩、相关药品、防护物资和食品，不法分子趁火打劫，造假、哄抬物价，极少数人隐瞒信息、不配合隔离、形成散布传播等现象也随处可见。诚然，像关闭国门、切断航线、封城、封村、封楼、全面隔离、减少人群聚集、控制大型活动、集中资源保障供给等决策和措施确实离不开政府，但众志成城、打赢抗疫这样的人民战争更需要所有人和组织的积极行动与协同配合。换句话说，一种有效的危机应对协同体系需要权力控制和社会自治同时作用。

遗憾的是，尽管经历了2003年非典疫情，我们似乎仍缺乏一套各级政府和组织应对重大突发疫情应具备的心智模式及系统框架。其实，对于如此复杂和不确定的危机，很难形成一套事无巨细的行动清单，而需要一种快速行动的心智模式和系统框架，然后视情况在实施中完善和充实。这套方案需要确定行动方向，如习近平总书记近期多次明确的人民群众生命安全和身体健康始终是第一位的定位，界定各类主体在应对疫情中的角色和参考性的决策依据，联动联防的机制、策略、方法、工具，由常态切换到应对突发事件状态的有序机制，以及在常态期进行危机应对有关的教育和训练等。

不是有了一套体系就一定能成功阻击疫情，而是在它的指导下会更有效地应对危机。各级政府在集中部署和统筹安排下，可以明确方向、集中资源、协同行动，更科学有效地抵御灾害；各类组织和个人在大方向的指引下运用正确的心智模式主动相机行事，从而提升响应速度，极大地减少危机时刻人为制造的错误、混乱、浪费和对生活及社会经济活动的冲击。世界各地许多应对灾情、疫情以及重大医疗事件的经验显示，正确的心智模式和系统的协同体系对成功应对危机十分有效。

这里我们结合多年复杂决策问题的研究和经验，特别以和谐管理理论的“系统观+演化观、方向感、构建生态系统、融合力+平衡力+边缘创新力”的心智模式和“愿景使命+和谐主题+（谐则+和则）+和谐耦合”的体系为指导，从政府角色和作用角度对疫情防控协同体系的构建分析对策建议。

在疫情突发期，人类追求健康、幸福、美好的生活和富饶繁荣的经济社会的愿景和使命不会变，但所面临的特定主题（急需解决的关键问题和有待完成的主要任务）有别于常态时期，而且会随疫情演化不断调整。例如，由于疫情来势凶猛，保护人民群众生命安全和身体健康就成为当下防疫的主题，围绕之会采取各种甚至极端的措施，以尽快控制住疫情的扩散。此时经济发展等其他重要活动均须为主题让路。为了实现这一主题或目标，政府及各类组织的决策者有两种基本策略。一是基于科学研究和优化设计的应对体系，需通过行政权力体系施行，如采取严加控制的策略和措施，竭力攻克治疗难题、加速应急医院的建设、医疗物资的生产和更集中的配送、严格控制和禁止聚集活动、采取严厉的隔离和封锁手段等。二是通过动员体系和舆论引导，让笼罩在疫情阴霾下的各类主体积极、主动、正确地行动，从而保证主题的顺利实现，如利用人们人人自危的情绪，迅速养成戴口罩、勤洗手、多通风的行为方式，在减少聚会的思考下提倡网上会议和活动的新生活，鼓励社会创新以发挥各主体的自主力量和创造精神，像大量新商业模式和工作方式的涌现、自发自主的捐赠、民众自组织的联防监督等，从而构成了抗疫主题实现不可或缺的另一方面军，也是人民战争靠人民的使然。因此不应惧怕和抑制这股力量，而应通过政府出台政策、营造包容的环境、形成透明的舆论赋能其施展才干，从而更有效地发挥这些自发自主力量和资源的作用。

因疫情高度复杂和演化的特征，在上述两方面机制发挥作用的同时，政府和各级组织领导的另一项重要职责就是及时发现问题和新动向，协调和耦合两方面的行动，使其互动和互补，弥补缺陷、防止漏洞、相互促进。

随着疫情防控进程，政府及各级组织决策者还应视情况及时调整主题，比如，当疫情蔓延势头被遏制之后，就需要适度关注经济社会的发展，此时的主题可能会演变为在不放松防控基础上恢复经济社会发展的相对均衡的主题，比如保证生活物资生产与供给，扶持中小企业渡过危机，帮助教育、企业和社会各界稳步恢复生产经营等。对于这一新的主题，上述两种机制及其策略和方法也需要相应调整，例如依靠政府高度权力的战时模式会视情况逐步减少，而靠市场和社会自组织的活动会加强，政府刺激市场和社会活力的政策应迅速出台。与此同时，还需要协调耦合两方面策略以放大其协同作用，总结经验和教训，促进社会秩序的恢复和升级。

以上从愿景使命到主题再到两种不同机制及其互动耦合、螺旋式升级就是和谐管理理论解决复杂问题的基本体系，对于世界、国家、省市、组织和个人不同层次，虽会因各自情景不同略有差别，但均可使其决策者在突发重大复杂事件面前更系统、更有条理、更有节奏地决策和行动，从而形成一套高度能动和协同的危机应对体系。

改革开放以来，我国经济高速增长、市场力量不断崛起；党的十八大后，随着反腐和改革深入，行政集权和力量同时增强；与此同时，因开放和世界互联，社会自组织力量也日益壮大。要构建有效的危机应对体系，中央领导在危急关头迅速明确使命和主题是前提；从国家治理、政府管理和政策上同时激活两种机制、释放他们的潜力和价值是基础；密切关注局势和演化进程，耦合两种机制和策略以确保其协同互动是核心；在这种演化中保持敏锐性和洞察力，及时调整主题是关键。

第一，在国家治理上需完善我国法治体系的权力、市场、网络三种治理机制，特别是进一步促进市场和网络治理，给各种社会力量营造创新空间，释放他们的活力和能动性。

第二，提高舆论体系的透明度，重建社会信任，激发社会动能的涌现和协同。

第三，要特别注意在发挥集中领导的有效性的同时，营造包容的政治社会环境和较为宽松的行政管理体系，给各级政府的能动性和创造性以及各类组织和个人自组织力量的活力和创新留有空间，赋能各级决策者、社会和市场力量，以提升社会活力和快速反应能力，提升社会对突发事件的快速应对能力。

第四，积极刺激和促进数字、互联、智能时代的各种技术运用，升级政府管理，以适应和主动引导已经出现的公众社会以及与之相适应的透明的舆论体系，重塑社会信任和新型社会形态。

第五，针对疫情中和过后可能涌现的突出社会经济问题，从政府角度快速伸出援手，如帮助中小企业渡过难关的支持政策等。

越是隔离人群，越要保障物资

——谈疫情应急状态下的防控物资生产与供给

汪　戎

教授，曾任云南财经大学校长。主要学术领域：企业管理、发展战略，近期关注：国有企业改革与发展、领导科学。

2020年1月23日后，面对严重的新冠肺炎疫情，从武汉开始，全国迅速推行了交通管制和强制性隔离，也就是“封城”和“封路”。这样，在省区间、城市间、乡村间，甚至居民小区都实施了最为严格的人员流动管制措施。毫无疑问，这对于快速控制疫情起到了关键作用。

然而，在严控人员流动的同时，面临着如何快速应对防控物资的生产和供给的挑战。本文所指的防控物资主要指此次疫情所需的口罩、防护服、护目镜以及消毒液等。

应当说，防控物资的厂商最先感知到市场变化。比如，从 1 月初开始，全国口罩订单就不断增大。于是，企业加大了口罩的供应，到春节前，很多厂商已经倾其库存投放了市场。而且，部分口罩生产厂家在春节的头几天就开始复工了。

我国是世界最大的口罩生产国和出口国，占全球生产能力的 52%，而且其他防护物资的生产能力也是有相当规模的。然而，防控物资需求增长之快之大远远超出了已经投入的生产能力。一方面，需求暴涨之际，正值全国厂商休假之时。另一方面，全国迅速推行的交通管制和强制性隔离措施，客观上造成了运输能力的下降。于是，在多种因素影响下，尽管防控物资厂商在不断投放，防控前线仍然是供应紧张，特别是成为居民短期必需品的口罩和特殊级别的医用口罩都是“一罩难求”。

在全国防控形势十分紧迫的情况下，政府对防控物资生产和供应采取了强制性的管控。生产大省率先行动，其他各省纷纷跟进，对防控物资的储备、生产和供应采用了强硬的政府管控手段。于是，在政府的主导下，各省区的防控物资生产、储备、供应的控制链迅速形成，厂商基本按政府的指令进行生产和采购，而储备和供应基本由政府控制。同时各省都在全国和全球范围内抢购防控物资，以争取尽快形成省区内的储备能力。

于是，在短期内就出现了省区间的防控物资抢购竞争和保护壁垒。结果是，一方面由于防控物资的生产和流通能力存在差异，出现了省区间防控物资库存和供需的不平衡；另一方面由于各省区疫情传播程度不同，保障重点疫区的物资供给受到影响。中央政府很快开始干预，加强了防控物资生产，特别是供应和物流的全国性指挥、调度、组织和协调。

当前，虽然防控物资的生产和供应问题得到了部分解决，但仍需要重点关注以下几个短期应急问题：

一是尽快形成防控物资生产能力的全产业支持系统。要求制造厂家与时间赛跑是有条件的，包括足够和优质的制造设备和原材料、安全和标准的制造环境、健康和熟练的生产管理人员等。由于防控物资都不是日常必需品，在缺乏足够战略储备的情况下，一旦发生重大公共卫生事件，很容易形成产业链的上游短缺。因此，在短期内，必须由中央政府主导，尽快形成全国范围的统一布局，争取国际支援，补齐设备和原材料短板，保证一线制造厂家的应急生产规模。

二是尽快启动全国防控物资生产和供应信息系统，全面掌控各地防控物资供需信息，及时发布各地防控物资供需状态，响应重点防疫地区和防控物资生产能力低弱地区的中央调用指令，加强省区协商，以帮助各地政府更有序和有效地组织应对，平衡全国的防控物资供需。

三是尽快恢复和保障全国性的货物畅通，特别是对于重点防控地区和城市，应当建立面向救治单位的跨省特别通道，不受临时性交通管制的限制。尽可能减少不必要的省区间转运，尽可能保障城市间防控物资调配的快捷通达。同时，建立和启动国家和省区两级战略物资物流机制，禁止各地政府和机构随意截留进入该机制的防控物资。

就长期而言，还应当关注以下几个问题：

一是加强防控物资的战略储备。可以预见，重大公共卫生事件的发生将成为社会的常态，特别是病毒疫情还会不断频发，它不仅严重损害民众的身心健康，影响经济发展，还会危害社会稳定和国家安全。应当建立能实现充分保障的国家及省区两级防控物资战略储备体系，不仅要增加防控物资储备的数量，完善储备结构，还应当选择和培育优质的防控物资战略厂商，并建立战略储备物资的国际合作，形成长效的防控物资应急动员能力。

二是不断完善防控物资的产业和企业布局。大多数疫情防控物资在平时需求量并不大，但发生重大疫情时用量会急剧上升。因此，国家和省级重点储备品厂商必然兼有市场需要和国家储备的双重特性。国家应当重点扶持此类企业，使其能在平时也保持战略物资的生产能力，同时能实现在平时和应急状态下平稳转换。这样，一个兼顾市场需要和国家疫情应急的防控物资产业布局和企业体系可以持续存在和发展。

三是完善防控物资生产和供给的立法和执法。通过立法明确在重大疫情防控物资生产和供给过程中，中央政府与地方各级政府、战略物资储备企业和各类其他企业以及个人等相关主体的法律权利、责任和义务，政府对应急购买、征用、补贴防控物资等行为的法律规范，企业间以及企业与政府间法律纠纷的解决途径与办法。还应整合应急执法体系，以确实保障防控物资的生产、供应和分配。

突发疫情下的社会治理

叶　强

哈尔滨工业大学管理学院教授、博士生导师、院长。教育部长江学者特聘教授，国家杰出青年科学基金获得者。现任国务院学位委员会学科评议组成员，教育部管理科学与工程类教学指导委员会委员。主要研究领域：电子商务与管理信息系统、人工智能与大数据商务分析、金融科技。

近期始于武汉的新冠肺炎疫情是对我国治理体系和治理能力的一次大考，也是完善社会治理体系、提升治理能力的一个契机。在疫情发展的过程中我们看到现有治理体系在面对突发疫情时，能够形成强有力的统一领导和统一决策部署，能够在短期内紧急调配包括政府、军队、医疗、建设等各类资源“集中力量办大事”，也能迅速执行城市封锁和交通管制等方面的应急措施，发挥了重要作用。我们应继续坚定信心，在今后应对疫情的过程中更好地发挥在现有治理体系和治理能力上的这些长处和优势。同时，我们更要深入地分析这次危机中所反映出的问题，认真思考如何进一步完善现有的社会治理体系和机制，推进国家治理体系和治理能力现代化。

在这次疫情应对过程中，暴露出我们在治理体系和应急管理方面的弱点和很多亟待解决的问题。这些问题涉及信息的开放与沟通、政府决策的水平与效率、社会组织及社会公众的参与度、关键岗位人员的能力与素质，以及应急管理、公共卫生和应急储备等制度的完备性等多个方面。可以说与2003年非典疫情时相比，我国的科技实力和经济能力已经大大提高。作为当今世界第二大经济体，我国的经济发展水平已今非昔比，科技水平尤其是以移动互联网为代表的信息技术也早已日新月异。希望我们能够更好地利用这些有利条件，深入地进行分析设计，结合国家未来的发展目标，建立并形成与我国经济技术发展水平相适应的现代化国家治理体系和治理能力。

为更好地应对当前和今后的突发疫情或突发危机，有如下三个方面可以考虑完善和加强：

第一，完善相关制度，提高信息的公开性、透明度和及时性，降低信息不对称程度，避免或减少政府集中决策与社会分散决策之间的冲突。信息是管理决策的基本依据，信息的真实性、有效性和及时性将对管理决策的水平产生重要影响。面对疫情或者公共危机，在国家和各级政府进行集中决策的同时，社会组织和个人也在进行分散化的决策，而信息不对称往往会导致决策冲突。公开、透明和及时的信息将会避免和减少决策冲突，提升决策的协调性，形成社会合力，从而提升应对危机时的社会效率。

第二，建立更畅通的媒体和社会监督体系，强化良性互动的建议、批评、问责和纠错功能，促进各级政府部门提升作为决策主体的决策信心、决策水平和治理能力。各级政府作为应对突发疫情和社会危机中的关键机构，其管理决策的能力、水平和应对危机的主动性对危机的解决往往具有决定性的影响。除了政府内和上级组织的监督、问责机制外，建立畅通的媒体和社会监督体系，可以在长期的良性互动中，形成更灵敏的开放式建议、批评、问责和纠错功能。这样的开放互动环境，可以影响和促进政府工作人员以及社会民众应急意识和个人素质的提升，强化政府管理决策的能力和主动性，提升政府应对危机时的决策信心和决策水平。

第三，完善国家应急管理、公共卫生和国家储备体系，形成与我国经济发展水平相适应的有利于长期促进各方面广泛参与的现代国家应急制度体系，从而持续提升国家应急管理能力。2018 年国务院成立应急管理部是我国应急管理体系的一项重要改革，必将在国家应急管理中发挥越来越大的作用。同时，这次疫情也对我国公共卫生、国家储备等相关体系提出了新的要求。现代应急管理不能仅靠政府单独的力量，需要建立能够调动最广泛社会资源积极参与的制度机制和法规环境。在应对危机中，各级政府部门以及国内外社会力量，如果能够依照相应法律制度，形成清晰的职责、分工、流程和沟通协调机制，将会大大提升应急管理的整体效率和效果，促进形成与我国经济发展水平相适应的现代国家应急制度体系。

加强突发事件预判决策的专家队伍建设

苏敬勤

大连理工大学教授、博士生导师。国家“万人计划”哲学社会科学领军人才，文化名家暨“四个一批”人才，教育部新世纪优秀人才支持计划获得者，享受国务院政府特殊津贴。中国管理50人论坛及创新创业30人（IESF30）论坛成员。

从本次新冠肺炎的发现到防控过程看，大致可以分成预判决策与防控实施两个阶段，而预判决策又是其中第一个环节，做到尽早的专业化决策对打赢此次疫情防控战乃至成功应对今后可能发生的重大突发事件显然具有决定性作用。

预判是决策的重要基础，既是一项高度综合性的工作，也是高度专业性的工作，涉及人们生命财产安全、经济发展和社会稳定等各个方面。决策本身具有全局性和综合性的特点，但同时，突发事件的预判与决策也是一项专业性极强的工作，需要极大地加强，因此，预判和决策起码包括两支队伍的参与才构成有效的决策体系：其一是专家队伍体系，主要职责是预判与专业意见提供；其二是由政府领导的决策队伍体系，主要职责是决策。但是，从本次防控疫情的决策过程看，专家队伍主要由疫情相关的专家队伍构成，缺乏其他相关专业专家的参与，虽然效率较高，但难免出现决策信息不全、决策质量不高、决策的专业性不强等问题，这对更好地防控疫情不利。

为此，我建议：

第一，对于重大突发事件的预判和决策体系应该明确由多学科的专家队伍和政府决策部门共同构成，并明确任务分工，这对重大突发事件的预判和决策有着重要作用。

第二，考虑到我国人口众多、幅员辽阔、突发事件的类型不同等特点，专家队伍应该划分为地方和国家两个层级，以适应我国的国情，分别履行在不同层级中的作用，在重大突发事件达到一定层级和规模的情况下，国家和地方两级专家队伍可以通力合作，共克时艰。其中，地方的专家队伍更了解地方的实际，可以为国家级专家队伍更快、更全面地了解实际情况奠定基础。

第三，专家队伍专业构成应有广泛性。由于决策具有综合性的特点，专家队伍必须由来自不同专业的专家构成，从而使决策更加科学和有效。具体来说，除本专业的人士作为专家组的重要组成人员之外，还应该包括宏观经济管理专家、企业家、公共基础设施方面的专家、心理健康疏导专家、法律界人士以及其他与重大突发事件相关的各个专业的专家，并可根据专业性将专家组分成若干个专业组，分别对该起重大突发事件对人民生命财产安全、经济社会发展、基础设施的承载能力、人民生活质量的保障、法律事务、事件后续的市民心理干预与经济恢复等各个方面的可能的影响提供专业性的意见和评估，评估意见提交给负责决策的政府领导，作为政府决策的先决性参考。

第四，专家队伍不仅应参与前期重大突发事件的预研，提供专业性的意见和建议，而且应参与重大突发事件的全过程追踪。这样做的好处是，在疫情防控的各个阶段都有专业人员参与，不断为政府决策提供各个方面的专业性意见和建议，以加快决策速度，提高决策质量。

第五，加强专家队伍与政府决策者的密切配合与协调。重大突发事件时间紧迫，时间就是生命，如何能够更好地将两支队伍协同起来发挥最大的功效至关重要，专业性意见的产生往往需要一个过程，而时间的紧迫性不允许专家队伍花费过长的时间进行研究，为此，专家队伍的意见和建议可以进一步分层。对于必须迅速做出决策的事件，专家队伍可以迅速给出初步的专家建议，为政府决策提供尽可能专业的意见和建议；对于长远性、基础性的专家意见和建议，则可在重大事件平复之后有序地进行。同时，政府在决策中，也应该明确将听取专家意见作为决策重要依据的法定条款，保证在决策时充分听取了专家队伍的意见和建议。

第六，为更好地建设专家队伍，各级政府应该尽快建设好高质量的专家库，做到及时更新。政府应该将专家队伍建设作为应对重大突发事件的经常性、法定性的组织建设的组成部分，赋予其平时进行工作的任务——在平时开展针对性的预研工作，并给予经费等方面的支持。只有这样，专家队伍的预判和决策辅助功能才会更大程度、更高质量地发挥作用。

构建以“效能政府”为核心主体的突发疫情治理体系

包国宪

兰州大学管理学院教授、博士生导师，国家级教学名师，从事政府绩效管理、公共政策和组织战略方向的教学科研工作，提出了以公共价值为基础的政府绩效治理理论（PV-GPG），其成果获省部级一等奖一项、二等奖两项。

2003年的非典疫情刚过去17年，今年我国又遭遇一场突如其来的新冠肺炎疫情。在这两场突发疫情的应对中，充分体现出了我国社会主义制度的优势，政府的领导号召力、组织控制力和资源动员力，以及广大人民群众在抗击疫情中表现出来的众志成城、共克时艰的精神。如果说“以人民为中心，不惜代价”是突发疫情治理中政府的核心价值追求，那么，“干部忙坏了，医生累坏了，公众慌坏了”则是对社会无奈和应对被动的一种形象描述，反映出突发疫情防控中还存在很多问题，政府治理体系还有缺陷。其根本在于社会治理弱化甚至缺位条件下政府承担过多角色而导致其治理系统性、协同性和可持续性变差。解决这一问题的关键是必须构建以“效能政府”为核心主体、社会各界和各社会组织有序参与的突发疫情协同网络治理体系。

效能政府是从“绩效”和“能力”两个维度塑造、建设和衡量政府治理有效性的理论框架与实践范式，是政府治理合法性的重要基础。以“效能政府”为核心主体的突发疫情治理体系，除应具有常态下系统性、协同性和可持续性等特征外，还有快速决策和快速响应的要求。突发疫情防控治理效果是对国家治理体系与治理能力现代化水平的检验，也是对各级政府的严峻考验。本着总结经验、吸取教训和“固根基、扬优势，补短板、强弱项”的精神，致力于突发疫情下政府治理体系的健全完善才是治本之策。

第一，明确界定各级政府在疫情防控中的领导决策、战略部署、配置资源、动员社会、发布信息、维护公众权利以及监督反馈等角色，形成与医疗机构、科研机构及企事业单位和非营利组织的协同治理机制，形成统一决策、分工负责、运行有序的治理网络。

随着政府治理体系的健全完善、市场机制作用的充分发挥和社会建设水平的提高，政府在突发疫情防控中的角色要彻底转换。在此基础上，各社会团体和企业以及社区的角色功能要更加明确清晰，其自主决策、自组织和应变学习功能须得以强化，使各个主体的优势转化为整体治理效能，并大大提升治理系统的可靠性。

第二，在充分发挥已经形成的自上而下号召动员优势的基础上，特别要强化自下而上的信息反馈、经验分享和共识建构机制，优化政府与以非营利组织为核心的社会组织之间的协调、互补和委托代理关系，形成群策群力、群防群治的疫情社会治理机制和良好有序治理氛围。当务之急是把以社会组织为核心载体的社会建设提上议事日程，提到国家治理体系与治理能力现代化的高度来认识。

目前，在突发疫情防控中已经形成了非常强大的自上而下的号召动员、信息反馈机制，但与此同时，自下而上的机制尚需强化，包括疫情报告、信息和经验教训公开分享、监督反馈等。

一是政府渠道较为畅通，但缺乏详尽系统的问责办法，政府及相关部门内部缺乏危机信息识别和报告人规则，致使推托责任、反应迟缓而常常贻误时机，造成严重后果。

二是把本来具有自主权力并有极大组织优势的官办社会团体，诸如共青团、妇联、科协、青联、学联、红十字会等组织都纳入了政府体系，使其在组织、信息、科普、疏导方面的优势丧失，难以发挥自下而上的反馈、沟通和协调机制。

三是民间非营利组织尚不健全成熟，甚至存在很大真空和盲区，致使社会建设和发展缺乏载体。因此，在突发疫情发生后，政府除从基层政府之外难以获取必要信息、支持和资源，社会公众从政府之外也难以获取必要的信息、支持和资源。这就是在突发疫情防控中政府忙乱、社会恐慌、资源得不到优化配置使用的根本原因。出路在于以这次突发疫情防控为契机，开展调查研究，并借鉴发达国家和地区的经验，把社会建设和治理不失时机地纳入国家治理体系之中，当作影响国家治理效能的瓶颈来突破。这方面有体制改革的问题，比如共青团、妇联、科协等如何在政府体制内独立自主发挥功能，有放松社会组织发展政策的问题，也有在政府引导下，社会组织主体功能与责任机制的创新问题。

第三，按照价值与目标、对象与指标、组织与流程、技术与方法和规则与文化等五要素要求，建立健全突发疫情公共绩效评价体系。

绩效评价具有激励、问责和资源配置等多种功能，但因其在管理系统中的强大杠杆作用，而被认为其导向功能是第一功能，“要什么评什么，评什么得什么”是对这一功能的写照。在突发疫情防控中：

一是根据“以人民为中心，生命高于一切”的价值诉求确定防控目标，以此为基础依据，对其目标对应的对象、指标、评价主体与流程以及合法合规制定评价方案。

二是把评价信息使用与问责和审计结合起来，发挥评价的积极作用，促进评价体系不断完善。

三是积极使用现代技术和方法，提高绩效评价的绩效。

四是积极引入第三方评价，优化突发疫情公共绩效治理体系，增强政府公信力。

五是在评价中要考虑特殊情境和特定区域的实际情况，做到评价的公平公正和科学准确。

突发疫情公共绩效评价体系既是治理体系的重要组成部分，也是持续提升疫情防控效能的前提和保障。因此，突发疫情公共绩效评价与管理体系建设、制度建设、学科建设和专业技术队伍建设应尽快提上国家应急管理的议事日程。

第四，把以大数据、云计算、智能机器人应用为代表的疫情治理技术创新、疫情防治知识普及与智慧城市建设和乡村振兴战略结合起来，并将之体现在诸如国家传染病防治等相关法律法规的修订完善之中，以提高国家治理突发疫情的技术水平和法治化水平。

一是通过治理技术创新提升疫情防控的信息定位精准化管理，通过传感器、无人机等技术设备，数字化反馈疫情信息和个体风险，提升社区单元应对疫情的响应度和执行力。

二是充分发挥智慧城市的预警系统、监测系统的作用，预警和化解疫情风险。

三是进一步提升乡村人居环境、卫生环境，将现代生活理念的更新嵌入乡村振兴战略中。

四是健全完善疫情期间相关法律法规和法律知识的普及，特别是法律规定的疫情响应级别要求和相关行为可能触犯的法律法规等。

这次突发疫情应对中反映出的诸如对早发现、快决策、快响应要求反应迟缓的问题，公众对疫情科普知识了解严重不足的问题，法治和责任等意识不强的问题，都希望能通过技术创新、科学普及、管理优化和立法执法普法工作的跟进得到改善。

疫情危机治理短论三则

高　闯　　首都经济贸易大学国际比较管理研究院院长、教授、博士生导师，国务院学位委员会工商管理学科评议组成员。研究方向：公司治理、比较管理。

一、企业家应对疫情危机的治理能力

当“我们处在一个 VUCA 时代”的命题还在网上热议之时，一场突如其来的疫情已经迅速蔓延开来。其实，在 360 行当中，唯有企业家等少有的几个角色在应对不确定性，因此，应对不确定性是企业家的常态，是企业家的天然职能。但在不确定性的光谱带中，疫情这类不确定性确实罕见，堪比地震、海啸、台风、洪水。从这个意义上说，应对疫情危机的不确定性实在是对企业家的一次非常大考。

应对这类大考，企业家有过成功的范例吗？答案是肯定的。17年前非典肆虐时，马云靠远程办公、突击研发扭转乾坤；刘强东靠网上交易、转型发展浴火重生。“戏法人人会变，各有巧妙不同”，但有一个共同的启示。阿里前CEO卫哲曾评论道，“没有遇到非典，可能阿里巴巴就没了”。刘强东说，“要不是非典，我不会进入电商业”。他们共同的特点是把危当作机，且能化危为机。我把公司的“突发性”不确定性治理分为两类：应对性治理和前瞻性治理，两者不可偏废。面对疫情危机，生意人和企业家的根本区别在于，生意人只顾穷于应对眼前，企业家则在应对中前瞻，在前瞻中应对。在危机面前，企业家能够拨云见雾看到方向，而且有办法扭转乾坤扑向目标。所以，非典过后，一大批企业销声匿迹了，但阿里和京东走到了今天，看似偶然实则必然。凝聚成一句话就是，应对力与前瞻力的协同治理是企业家应对疫情危机的秘籍。

二、地方政府的政治韧性与相机治理

疫情仍在蔓延，但社会已经从恐慌趋向理性，治理举措也出台了许多且落实了不少。可以说，疫情治理进入到一个新的阶段。在新态势面前，如何处理好政治韧性与相机治理的关系，是地方政府面临的一个必须深耕的课题。

韧性是指一个系统受到突然冲击或干扰时功能正常、自如运转的能力。在这场突发疫情中，政治韧性则表现为地方政府听从党中央统一指挥的定力和执行力。地方政府必须对中央精神坚决执行，且做实做细。中央对于地方政府则是过必惩，功必奖。还有办法可以增强韧性，创造性地落实中央精神吗？有的。这就是地方政府根据本地区疫情和经济社会等不同状况，展开具有前瞻性和自主性的应对活动，当机立断，甚至“先斩后奏”，即所谓相机治理。这是因为各地情况不同，而突发事件必须迅速应对，迅速应对又必须依赖本地，因此必须酌情立断。

疫情突发初期，浙江等地的一些做法为什么会得到地方民众的肯定？因为浙江等地政府既坚持政治韧性，雷厉风行，做实做细，又善于相机治理，前瞻性、创造性地展开疫情防控。武汉“封城”令刚刚实施，浙江政府马上启动重大公共卫生事件一级响应（重灾区湖北则反应滞后），而全国陆续开启响应之时，浙江已部署24小时排查，严格隔离到户，抗疫准备工作基本完成。难怪网上有人说，“湖北的问题，我在浙江找到了答案”。可见，竞争机制已然引入地方政府之间。

疫情进入新阶段，如何继续坚持政治韧性，善于相机治理，仍然进一步考验着各级地方政府。交出一份满意答卷的关键是什么？不是智慧问题、办法问题。政府官员不缺智慧，但智慧官员仍然会犯教条主义、官僚主义错误。所以问题的关键是，能否以人民的利益、以人民的生命为解决一切问题的出发点。把住这个出发点，进一步的疫情防控工作就会有担当、有智慧、有办法。

三、政府、社会与企业的协同治理

疫情面前，政府治理的第一要务就是严防死守，将疫病降至最低点。但严防死守不是完全意义上的自我封闭、以邻为界，更不是“以邻为敌”甚至“以邻为壑”。政府与医院不同，医院只负责治病，政府不但防控疫情，还要统筹安排城市的生产和生活，而防控疫情、生产、生活不可能封闭进行。因此，协调防控疫情、生产、生活是一个系统工程，需要政府、社会、企业协同治理。

协同治理的发力点应该在中小企业，牵一发动全身。中小企业有“三难”：开工难、用工难、资金难。各地政府相继出台了一些扶植中小企业的政策。问题是，在以邻为界的状态下，企业自己开工只能是一厢情愿，调配物资和用工需要当地政府批准，甚至还需要异地政府协同解决。一些人想当然地提出网上办公、居家办公等办法，其实这些办法只能解决原本就可以在网上、在家中办公解决的问题。而实体产品的生产、运输、销售需要在分散于诸多城市的企业现场解决。这样，设计一种以邻为友、良性互动、合作共赢的协同治理新机制就成为一个新课题。

新机制流程的起点是企业。如同患者最了解自己的痛点一样，企业最知道自己的问题所在。首先由企业提出供应链上下游需要解决的“三难”问题；行业组织分类梳理问题；政府牵头召集专家、非政府组织和企业等方面人士持续动态协调。要强调针对性、差异性，能解决的当场解决，需要城市联动的协调解决，需要出台政策的由政府或政府联动解决。一句话，企业出问题，社会出思路，政府出政策。政府、社会与企业协同治理，中小企业“三难”问题的解决才有望落到实处。这里隐含了两个假设，即疫情特别时期和只能由政府牵头才能解决的问题。由市场自行解决的问题不在此列。

应对突发公共卫生事件应考虑民众心理因素

唐宁玉

上海交通大学安泰经济与管理学院教授、博士生导师，上海交通大学心理与行为科学研究院副院长。中国工业与组织心理学会副主任委员，上海心理学会副理事长、人力资源分会副会长，教育部工商管理专业教指委委员。研究领域：跨文化人力资源管理、新生代员工、代际价值观、包容性领导和管理。

在应对重大突发公共卫生事件时，要对民众的恐慌心理和行为有充分考虑和足够重视。突发重大公共卫生事件由于其突发性、公共性、严重性、紧迫性、复杂性等特点，对人们的安全需要产生很大威胁。面对这样的状况，人们自然想要消除导致不安全的因素，努力获得生理和心理上的安全感。而当人们面临较大的不确定性时，跟风从众就成为一种相对便利和安全的做法。此外，面对突发公共卫生事件，民众还会出现借机宣泄和逆反心理，可能一个消息、一个措施就会引发人们将积累的不满情绪发泄出来。

随着此次疫情爆发和传播，人们的议论点从疫情本身，发展到起底华南海鲜市场、武汉病毒研究所、武汉红十字会，热议中医是否有效、阴谋论、“吹哨”……不一而足，其中有些信息真实，有些是“真实＋虚构”，还有些则完全是虚构。延长假期、宅在家里让不少人感到被“封闭”的无聊，阅读各种新闻和消息就成了打发时间的主要消遣，而这又进一步导致各种消息的传播并对人们的心理和行为产生较大的影响。

基于此，有几点想法：

首先，在面对重大突发公共卫生事件时，政府部门要及时公开信息。政府要通过各种正式途径及时、准确地告知民众，增进人们的认识，消除不必要的恐惧，也增加民众对正式渠道信息的信任和对政府部门的信任。正式渠道信息缺失或给出的信息不及时、不准确，就会使民众更依赖于小道消息，也更容易轻信谣言，严重时甚至会导致“信息疫情”的爆发。可以看到，有些政府部门在这方面应对得非常不错，而有些政府部门在开新闻发布会时或对基本事实不清楚，或对记者提问置之不理或答非所问，这些都会进一步滋生民众的不满和消极情绪，更容易将政府部门的解释作为其推卸责任的借口。因此，政府部门不仅要及时公开信息，而且在发布信息时，给出的信息要准确、一致，这一方面要求政府各部门的协调配合，另一方面也要求官员应掌握信息和数据，这也体现了政府部门的执政能力。

其次，要加强舆情监测，及时干预。从舆情中了解人们的想法，听到民众的心声，识别可能的问题，及时采取相应措施。在李文亮医生去世后，国家监察委员会及时派出调查组赴武汉就此事进行调查，让处在疫情中的广大人民群众感到政府对此事重视，民声得到倾听，民意得到反映，人心得到安抚，之后应将调查结果及时公开发布，告知民众真实情况，以正视听并凝聚人心。把舆情监测作为社会心理预警系统的一部分，避免诸如“信息疫情”或其他问题和混乱产生。

再次，要尽量考虑到方案或措施对不同群体的影响。面对突发公共卫生事件时，不同群体的诉求会有差异，这也增加了管理的复杂性。比如安全需要是共有的，但被感染人群更希望得到及时救治，对医疗资源更有渴求，而未被感染人群、非重点区域人群从自身安全出发，会对可能感染者、重点区域人群甚至医护工作者产生社会排斥，导致各种纠纷甚至伤害事件发生，战斗在一线的医护工作者也同样存在着安全需要。政府部门在出台政策或措施时对此也要有所认识，及时制定一些有针对性的政策和措施。比如出台保护医护工作者生命安全的法律、对复工后在工作场所感染是否属于工伤的认定等，对于满足不同群体的安全需要提供有力保障。进一步，可对一些政策或措施可能对不同群体产生的负面影响有预估，以避免“比病毒更可怕”的现象发生。另外，考虑到人们的心理因素，对一些可以有不同选择的方案或措施，应评估强推和助推哪个实施效果更好。

最后，加强心理引导和干预。在突发事件发生时，应通过心理咨询热线等对特定人群给予心理支持。研究显示，心理咨询热线是危机时期的有力帮助力量，有缓解心理压力、疏解负性情绪、安定公共心态等作用。另外，在事件过去后，还应对可能出现的创伤心理等问题给予及时的专业心理干预，帮助人们积极应对，重获安全感和幸福感。

突发疫情下的整体性治理、科学治理和全球治理

黄丽华

复旦大学管理学院教授，大数据流通与交易技术国家工程实验室常务副主任。研究方向：企业信息系统、电子商务。

在突发新冠肺炎疫情应对中，我们欣喜地看到党和政府领导全国人民抗击疫情的一系列有效措施，形成了上下一致、人人参与的“人民战争”局面。我们有充足理由相信这次疫情一定会尽快被消灭。然而，这次疫情突发时，尽管启动了一级响应，但广大老百姓、各类组织单位仍无所适从，造成了不同程度的应对无序、个人恐慌和组织低效率。这次突发疫情作为典型的重大公共卫生事件，我们必须认真地检讨和反思：如何更好应对这样的事件，使人民生命财产、国家经济的损失降到最低？如何防患于未然？这次疫情也是我们建设国家

治理体系现代化和治理能力智能化的一个最好的剖析案例，我们需要建立更加完善、更加专业的公共卫生治理体系和治理能力。

首先，我们需要建立应对突发公共卫生事件的整体性治理体系和规则，即通过整体性行动和服务来提升公共管理、公共服务效率和效能。整体性治理是指围绕公共卫生事件的生命周期的不同阶段，在政府内部（必要时包括军队系统）整合资源并协同、政府与各类非政府机构和企事业单位资源的整合与协同，实现目标自上而下的分解和责任自下而上的主动担当的体系和必要的规则，以达到联防联控疫情、满足医疗机构治病救人以及公众健康的需求。此外，在互联网、自媒体高度发达的今天，突发公共卫生事件的演化不仅体现在物理空间，还体现在网络空间和心理空间，这三个空间具有复杂关联的多维耦合特征。因此，当今的公共卫生治理体系建设不仅要考虑围绕疫情本身的疾控治理来开展，还需要围绕信息网络空间的信息治理和社会各类群体的情绪治理来开展。

其次，我们需要建立应对突发公共卫生事件的科学治理的体系和能力。在这次疫情突发之际，我同事的团队在小年夜就开始利用大数据开展疫情动态预测，较好地支持了上海市有关政府部门和专业机构的科学决策。在本次事件中许多国内外团队也对疫情发展动态做了类似的研究工作。这些研究结论的有效性完全取决于数据和模型算法，其中数据主要是政府或权威部门发布的疫情数据（包括数据的质量（真实性））以及治疗、气候、政策措施等多源数据，模型算法的建立需要大量的诸如本次疾病传染等的专业知识及大规模流行病传播模型和算法。在应对疫情中，从疫情研判到病毒发生与传播机理，到治疗方法和规范，到救治条件和资源保障，到社会动员和舆论宣传等，均需建立在科学基础之上。为了更加有利于开展科学研究，希望有关部门尽快建立公共卫生领域、公共安全领域、应急管理领域相关数据的管理体系和开放共享平台，便于各专业的科学家加强基于大数据的科学研究，让研究人员的成果真正有机会服务于国家战略和民众需求。

最后，我们需要建立全球公共卫生治理的体系和规则。在全球化的今天，面对疾病快速传染扩散的突发事件，国境已然不是阻止病毒传播的屏障，单靠一国政府很难有效控制疾病在全球蔓延。通过本次事件，我国应该积极参与甚至主导建立全球公共卫生事件的治理体系和规则。在国际公共卫生领域，我们曾经多次向有关国家和组织输出“中国方案”、医疗技术和物资援助等，树立了榜样。今后，我们需要在更大范围内与国际组织、各国政府、有关国际专业机构组织建立多方合作，在传染疾病防控救治技术与资源、信息共享方法、伦理规则等多方面建立协同体系、机制和规则，共同应对人类健康危机。

本次新冠肺炎的公共卫生事件不仅仅给了我们沉痛的教训，更重要的是给了我们重构国家公共卫生治理现代化体系的重大机遇。

如何在避免重大公共危机发生上体现制度优势

肖海林

中央财经大学商学院教授、博士生导师。研究领域：战略管理和创新管理。

湖北是我的家乡，看到源于家乡的疫情造成国家和人民生命财产的重大损失，我心如刀绞，每天起床后的第一件事就是查看疫情数据的变化，每天最期盼的就是疫情拐点的到来。

令我不堪回首的是，在这次公共卫生事件中，我无意中差点成为超级传播者，比成千上万的不幸感染者更为不幸，不但可能害了湖北和安徽的十来家亲戚，还可能把病毒传播到国外。幸亏我2020年1月12日退掉了13日去疫情重灾区汉口的车票，20日退掉了全家23日去安徽的车票，及时将儿子2月1日出国的机票改签。本来武汉的高管朋友在汉口给我安排了一个十余人参加的聚餐，我计划在汉口火车站附近住一晚，第二天回老家仙桃看望母亲和其他亲人。后来才知道，汉口火车站附近正是这次疫情的始发地和重灾区。获悉我退票后，武汉的朋友还在说“我们感觉还好啊”，安徽的亲戚连连说“没事的没事的”。后来形势急转直下，我担心世界卫生组织可能再次开会改变原来的结论，导致中国人出国受阻，就决定把儿子的机票改签，让他提前走了。果然，儿子要去的那个国家正是2月1日开始全面暂停中国人入境。这直接说明，对重大风险的预测、预防和预控，向公众及时传递真实的信息，向社会及时预警，而不是相反，是避免重大公共危机发生的关键。我能够成为一个幸运者，不是自己神机妙算，而是源于自己对新闻的敏感和谨慎的行事风格。

这次事件给我们的国家治理提供了很多教训，比如，要全面提升政府的危机管理和应急管理能力，要让钟南山院士那种敢于担当的责任心变成各级政府的普遍意识，要坚守专业精神、尊重专业判断，不能心存侥幸，要重视舆情管控的双刃剑效应，正确把握舆情管控的边界和根本性转变危机孕育早期舆情管控的思路，人民的利益要高于一切，等等。

这次公共卫生事件，有几点发人深省：一是这次事件并不难避免，居然发生了；二是避免事件发生的所有环节，居然都未能守住；三是现在的科技能力比17年前强得多，国家还制定了突发公共卫生事件应急预案和条例，17年前的非典疫情也提供了上述教训，居然都不管用；四是疫情已经很严重，春运即将开始，武汉是特大城市，疫情向全国扩散的风险显而易见，极可能演变成全球关注的事件，后果极其严重，居然还不向社会传递真实信息，迟迟不见有力度的举措；五是对于新型病毒性呼吸疾病，其病毒来源、潜伏期、致病性、传染性、如何治疗、后遗症等难以很快搞清楚，这就表明在人口聚居区存在巨大公共卫生风险，政府和专业机构应高度警惕，及时发出预警，同时采取一些预防预控措施，对自媒体预警应持欢迎态度，但是危机处理有关参与方居然采取了许多相反的做法，误导了公众。这说明我们的国家治理其实还很脆弱，一些根本性问题尚待解决。

我们通常讲，应对重大危机事件，我们有强大制度优势。但是，强大制度优势体现在我们国家具有强大的动员能力，能够较快形成强大的重大问题处置能力，这有利于较快地解决已经发生的重大公共危机事件。很明显，这种能力的展现是有前提的，就是重大公共危机事件已经发生，这时全社会容易很快达成共识，时间紧迫，政府别无选择，决策就相对容易。而对于重大公共卫生事件，避免其发生才更重要，避免其发生所需要的能力与发生后的处置能力显著不同，是润物细无声而不是后者那种轰轰烈烈的。在政策的选择上，因为时间上不像危机发生后那么紧迫，加上重大危机通常是小概率事件，毕竟只是潜在的，而且处理这种小概率风险一定会付出成本，还可能打断既有工作部署，处理成功了别人未必会承认，更可能给决策者自己带来更大风险，就常常难以达成共识，决策的难度反而通常较大。那么，我们的制度优势还能体现吗？又该怎样体现呢？这恐怕是国家治理中一个有待研究解决的关键问题。如果这一问题不解决，这种事件以后还会发生。2003 年的非典事件是这样，今年的新冠肺炎事件还是这样。

解决这一问题的出路在哪里？我以为，只有当以人民为中心切实成为我们各级政府的灵魂和决策优先级时，政府和社会才会自觉地做实做细避免重大公共卫生事件发生的各个环节和细节，上述教训才能坚定地成为政府和专业机构的工作原则和努力方向，政府各种政策的决策难度才会降低且容易获得社会的普遍理解和支持，在危机孕育的早期就向公众预警并及时采取预防预控措施，我们的制度优势就能很好地体现。以人民为中心已经在党和政府层面反复强调，当务之急是要研究解决具体如何实现以人民为中心，以及如何才能使以人民为中心真正成为各级政府的灵魂和决策优先级的问题，在体制、机制和文化上予以保障。这是国家治理发展的一个前提，是根本教训和治本之策。这需要国家下大的决心，从国家制度体系和社会文化两个方面寻找解决之道。

虽然很难，但无法回避。

突发疫情下政府治理的三个关键点

王云峰

河北工业大学原管理学院院长，教授，博士生导师。主要研究方向：集成化管理与领导力、组织社会责任与商业伦理。

突发疫情下的政府治理可从多视角讨论。其中与责任相关的透明公开、与效率效能相关的流程科学化、与民心相关的党委领导这三点我以为至关重要。本次新冠肺炎疫情中，主要疫区的政府行为暴露出的问题其原因也在这三个方面。

一、透明公开

透明公开，指决策信息透明，政务流程公开。透明公开不是简单的行政方法，而是政府作为一类社会组织、国家主权者的执行人或称人民“管家”必须履行的社会责任。任何紧急公共事件发生时，透明公开对维护政府公信力、稳定民心、引导舆情都有极为重要的作用。此外，将透明公开作为政府治理的重要内容纳入决策标准、决策程序、组织结构和责任审计制度也是各类组织社会责任国际标准（ISO 26000）的基本要求。同时，透明公开还是国家治理体系和治理能力现代化的基石。只有在决策信息透明、政务流程充分公开的前提下，人大代表、政协委员和广大媒体受众才能有效实施对人民公仆履责行为的监察和监督，才能使国家机器的自上而下决策、计划、组织与自下而上的实施、检查、评价形成良性循环。基层民意和上级决策精准上传下达，方能实现有效的统一指挥和并存的人民监督活力。而“精准”的最重要前提，就是决策信息透明、政务流程公开。

二、流程科学化

政府的本职是依法行政。“法”指法律条令和政策法规。前者出自立法机构，非政府权力范围；后者出自政府系统，关键是效能。“行”为执行，关键是效率。故政府治理的成效应体现在政策效能和行政效率的提升，科学管理是实现途径。反观本次新冠肺炎疫情从“酝酿”到爆发再到持续，有疫区政府应对乏力，根本原因是治理不善所导致的“政府亚健康”。表现为组织结构失灵、政策无力、效率低下。转变这种状况，关键是要抓住流程这个科学管理的“牛鼻子”。从局部到整体，从单项工作到多项工作，逐一整顿。在当前紧急情况下，建议有关政府部门考虑派专人负责疫情防控政务流程的监查和效率评价，及时发现影响防控系统协调性的问题并提出“补短板”的方案对策，以提升疫情防控流程管理的水平。同时积累经验，以流程管理制度化为最终目标，一以贯之，直至彻底解决（至少是遏制）行政效率低下、官员不作为或乱作为等顽疾。

三、党委领导

在我国讨论政府治理不能回避党委。因为我国政府是人民政府，中国共产党是人民利益的代表，党委领导贯穿国家各项事业。这是基本原则。但是光有原则不够，还必须解决我国因此而独有的治理难题，即党政如何分工，党委如何领导，行政如何负责。关于党政分工，我以为说白了就是党委为人民主事，政府为人民办事。而如何领导和负责，就是以怎样的姿态和行为方式为人民主事和为人民办事。这之中三点最为关键：

第一，真诚实在。主事不真诚和办事不实在是党委和行政作风的大敌。在突发疫情下，不真诚的书记最典型的表现是不敢面对群众（包括媒体），不讲真话，回答问题念稿子，躲避群众关切。而不实在的官员最擅长的是欺下瞒上和形式主义。

第二，眼睛向下。党委主事，体现在职能上即统揽全局，确定方向和战略。以什么为依据？上级方针政策和本地民情民意。而只有眼睛向下、深入基层，才可能通晓民情民意，发现真实问题和优秀人才，进而使战略决策有的放矢，干部选任得民心。

第三，党委领导必须有担当，光明磊落，勇于对主事结果负责任。

疫情下的政府治理

——反思与对策

吕　力

武汉工程大学管理学院教授、博士生导师，中国管理现代化研究会管理思想与商业伦理专委会副主任，中国管理50人论坛创始成员，中国本土管理青年论坛常务理事、副理事长，中国企业管理伦理论坛常务理事、副理事长。

近日的疫情作为一次公共卫生事件，反思其进程，有助于改进后期的防控工作，乃至对今后的公共卫生事件应对都有莫大的帮助。

第一，公众是公共治理的重要参与方，这一原则是所有公共事件治理的出发点。在本次疫情的初期，无论是所谓“内紧外松”的内部政策，还是“过于谨慎、刻板”的信息发布，都没有将公众作为公共事件的重要参与方。

所谓“内紧外松”政策认为只需要行政机关紧急动员的“内紧”，就能将疫情完全控制住，事实证明，正是由于“外松”而导致的信息缺失，公众忽视了疾病的严重性，加快了早期的疫情蔓延。“过于谨慎、刻板”的信息发布则在后期导致了公众的恐慌，同样加快了疫情的蔓延。

综观整个疫情应对过程，特别是中前期，行政部门都没有将公众作为最重要的参与方，因而导致了应对过程中的若干问题：“内紧外松”没有考虑公众的忽视从而形成疫情的弥漫；“谨慎的信息发布”没有考虑公众的恐慌而形成疫情的迅速传播。截至目前，如果行政部门仍然不将公众作为公共事件参与方，还会导致更多问题。

第二，公众作为公共事件参与方，其行为有特殊性。在公共事件中，卫健委、疾控中心、地方政府等作为行政机关，其行为是可控的，具有完全计划性，而公众的行为是不可控，至少是部分不可控的。在本次事件中有关行政部门显然高估了其对公众行为的可控性，从而使局面变得严峻。

第三，关键时期信息的模糊性加剧了公众行为的不确定性。从传播学的视角来看，即使确定性的信息也会有不同的解读，更不用说不确定的信息。通常情况下，由于事件距离普通公众较为遥远，因而主流媒体占据绝对影响，而在大规模疫情时期，大量的人际传播和自媒体会产生重要影响，从而导致公众行为的不可预测，加剧动荡的状态。

第四，行政部门对于其社会控制职能过于自信。正常时期，行政管制的力量确实非常强大，而在非常时期，环境发生了很大的改变，从管理学角度而言，其指挥链、协作部门数量和方式也发生了很大改变，因而其社会控制力会大幅下降。

第五，非常时期行政组织方式会发生很大的变化，因而管理的原则、程序等都要有相应的改变。根据基本的管理学原理，组织的管理原则与组织的任务应当是相适应的，那么平时的行政管理也是与平时行政机关的主要任务相适应的，而这种适应恰恰导致非常时期的不适应。因此，在非常时期，有关部门应主动调整其管理原则、方式方法，而不应再沿用原有的程序处理全新的问题。

例如，在疫情早期出现了8位“传谣者”，当然，对于是否传谣，法学家可以给出相应的司法解释。抛开这一点不谈，即使是“传谣”，如果地方政府认真与其沟通，就可能快速得到通过正规的行政渠道无法迅速获得的消息——当然，事后来看，这一错误相当严重。其中之一就是，行政部门仍然按照常规方法处理，从而错失有关部门正视问题严重性的良机。我们相信，有关部门绝不是在事前就预知到病毒如此强的传染力，而各行政部门在平时的行政往来中互不沟通、信息不畅，致使即使行政部门内部都存在严重的信息不对称。

第六，行政部门应加强与公众沟通的能力。如前所述，公众是公共事件的重要参与方，而且是行为特殊的参与方——行政部门内部的沟通可以通过行政命令、会议、公文的形式进行，但与公众的沟通就不能仅仅依靠这些手段了。与公众沟通的主要困难之一就是其数量巨大，当然，数量巨大不意味着无法沟通。排除个别特殊政策，如“封城”在实施前不宜大规模扩散，很多政策其实是可以和公众沟通的。

公众的数量太大，政府可以遴选其中的代表，例如医生群体的代表、志愿者群体的代表、患者群体的代表、患者家属群体的代表等。

本次疫情还未结束，以上反思对于疫情的后期防控工作仍然大有裨益。在后期的防控工作中，地方政府仍然要非常重视来自公众的信息以及政策设计的公众沟通。事实上，密切联系群众从来就是我们党工作的法宝，这一法宝在任何时候都不能丢掉。

打造高效透明的政府信息公开制度

马　洁

新疆财经大学教授、博士生导师，校友总会会长，新疆维吾尔自治区咨询业联合会会长。曾任新疆财经大学工业经济系副主任、科研处处长、研究生处处长、MBA学院院长，担任多家银行和上市公司独立董事。主要研究方向：企业战略、人力资源开发与管理。

2020年新年伊始，一场突如其来的疫情猛烈地冲击了华夏大地，严重地影响了整个中国社会的正常运行。新冠肺炎疫情就像一面镜子，也是一次大考，“考”出了政府在应急管理、信息公开、公共卫生、国家储备等很多方面存在的短板。从疫情的发生、发展来看，当地政府疫情信息公开不及时，是造成当前严重被动局面的关键因素之一，它也反映出我国政府治理体系的现代化改革还有巨大提升空间。

为了保障公民、法人和其他组织依法获取政府信息，提高政府工作的透明度，建设法治政府，2019年4月3日修订、自2019年5月15日起施行的《中华人民共和国政府信息公开条例》对政府信息公开做出了详尽的规定，明确了信息公开的主体、范围以及责任，规定了行政机关应当及时、准确地公开政府信息。行政机关发现影响或可能影响社会稳定、扰乱社会和经济管理秩序的虚假或者不完整信息的，应当发布准确的信息予以澄清。该条例还规定了突发公共事件的应急预案、预警信息及应对情况；规定了各级人民政府要建立健全政府信息公开工作考核制度、社会评议制度和责任追究制度等，以制度安排把政府信息公开贯穿政府运行全过程。同时《中华人民共和国刑法》、《中华人民共和国刑事诉讼法》和最高人民检察院出台的《最高人民检察院关于渎职侵权犯罪案件立案标准的规定》也对国家机关工作人员滥用职权或者玩忽职守，致使公共财产、国家和人民利益遭受重大损失的，有明确的刑事处罚规定。对从事传染病防治的政府卫生行政部门的工作人员严重不负责任，导致传染病传播或者流行的，同样入刑。

条例有要求，刑法有规定，但为什么疫情信息公开仍然严重滞后，不能按要求执行？撇开信息公开中我们现在看到或没有看到的政府部门间的协作协同机制不健全、汇报层级程序烦琐、发布授权权限不明、业务单位主管外行延误信息发布等问题外，对信息公开的内容及程序要求的刚性低，责任追究没有明确的标准是最关键因素。我认为可以学习和借鉴上市公司关于信息披露的做法。

上市公司的监管部门要求上市公司必须按照公开、公平、公正的“三公”原则进行及时、准确、完整的信息披露，对上市公司信息披露有明确的关于信息披露时间、渠道、方式及违规处罚的规定；上市公司信息披露违规、信息披露不真实、不准确、不及时的处罚都有明确的严格要求。最高的处罚是责任人入刑和上市公司退市，信息披露违规成本极高。近年来，信息披露违规罚款数额连涨，入刑力度猛增，判罚案例的警示和《证券法》《刑法》的震慑都不断提醒着上市公司信息披露违规成本代价极其高昂。严格执法的背后依据的是《刑法》将违规披露、不披露重要信息罪纳入了“辖域”。2019 年 12 月 28 日第十三届全国人民代表大会常务委员会第十五次会议全体会议审议通过且将于 2020 年 3 月 1 日开始实施的新《证券法》，大幅提高了资本市场各类参与主体的违法违规成本，信息披露违规违法成本越垒越高，这才是上市公司治理中高度重视、兢兢业业、非常认真履行信息披露义务和上市公司对信息披露几乎是战战兢兢对待的根本，它也保证了我国上市公司信息披露的总体质量。

虽然政府与上市公司是性质不同的组织，但政府在明确信息公开的时间、渠道设定、方式及违规处罚等方面仍可以学习、借鉴上市公司信息披露的做法，提高信息公开制度的刚性要求，强化对信息公开的监督，其实质是追求公开透明、实事求是和更好地为人民服务，也是打造公开透明政府的必然要求。政府信息公开法治化进程任重道远，建立健全和严格执行政府信息公开违规处罚制度，加大政府信息公开违规处罚力度，提高信息公开违规成本，是提高政府治理水平和信息公开质量的关键。

疫情治理的逻辑及工作改善

李　凯

东北大学工商管理学院教授、博士生导师，兼任中国东北振兴研究院副院长。主要研究领域：企业战略、产业组织理论。

疫情发展到今天（2020年2月9日），中间出现了许多令人想不到的事情。许多人在回顾，如果当初武汉的警报早些拉响，疫情局面会否在小范围内被控制住？如果当地政府反应快一些，情况会否主动一些？如果各机构再负责任一些，是否就不会有那么多的人怨？这些问题在本质上都是在讨论疫情防控体系的效率问题。从治理角度来看，这个系统（体系）是否设计合理和效率如何，涉及治理体系、治理机制和治理效率等一系列问题，事关重大，笔者不敢妄言，谨就目前的问题谈一点粗浅的看法。

一、疫情治理主体问题

抗击疫情以来，作为治理主体，整体上政府采取的措施力度大，调度有方，社会基本稳定，体现了我们的制度优势，相信其他任何一个国家出现这种疫情，也不会比中国做得更好。但是同时我们也看到一些令人不满意的地方、一些引人思考的地方。比如政府这个治理主体的权威如何建立，尤其是在出现工作失误时怎么恢复治理权威性，等等。

二、政府治理的权威性来自公众的权利让渡

疫情治理也是社会治理的一部分，由于疫情严重，政府会像处理其他危机一样，集中各种权力，以此来保证其治理的权威性，似乎政府的权威是天经地义的。但是我们不要忘了政府与社会公众的关系，从公共管理理论角度来说，政府在危机时采取极端措施的权力，实质上是公众在特殊情况下对政府的一种权利让渡，是公众在特殊条件下的一种临时性的让渡；政府治理主体地位本质上是公众在特殊条件下的一种委托。从这个角度出发，我们说公众的权利让渡意愿，就是政府权威的来源；公众权利让渡程度，决定了政府治理的权威大小。

三、如何提高政府治理的权威性

提高政府治理主体的权威性，有很多途径和措施，其中最重要的是信息的对称性，让公众明白危机的真实情况，大

家就能理解政府所需要采取的措施，明白政府需要什么程度的权利让渡，政府工作就会顺利。在笔者看来，这次武汉市政府最大的问题不是对疫情的判断失误（因为疫情判断毕竟是更专业的事情），而是对疫情信息的垄断，甚至在医疗界内部也没有实现信息共享，对李文亮医生等人采用的措施也是在用行政手段维护这种垄断。事实证明，靠信息垄断提高政府治理主体权威性的做法，收到的是背道而驰的效果。

四、缺少制衡时恢复权威性的重要性

从治理体系构建角度来看，和公司治理不同，政府这个治理主体是没有替代性的，也缺少内部的制衡，政府治理主体出现问题之后，要点在于采取主动措施恢复其权威性。从武汉的情况来看，地方政府对这一问题认识不足，自我改正的态度和意识都不足。好在我们有强大的中央政府，现在是用中央政府的权威性代替了地方政府的权威性，这也是我们的国家治理体系的一个优势。想象一下，如果让武汉（或湖北）独自面对这种局面，这个权威性恢复问题就会变得很严重。

五、关于疫情治理效率问题

这里我们说疫情治理效率，是指整个防控疫情的体系运转效率问题。这个体系很庞大，除了政府作为治理主体之外，其重要组成部分包括医疗机构、科研机构、物质生产和运输部门、慈善机构、社区等。可以从各种角度讨论这个体系的运转效率问题，例如组织学、系统理论、人力资源理论等，都可以得出有益的结论。现在我们从委托代理关系来讨论这一问题，会有什么结论呢?

六、三种委托代理关系

政府与各类机构之间构成本质上的委托代理关系。我们来看三种典型关系：第一个是政府内部层级之间的关系，例如省级政府和市级政府之间，可以看成是以政府职责为基础构成的委托代理关系。第二个是政府与疫情防控专业机构之间的关系，例如政府与收治医院的关系，由于医院的任务明显超出了自身能力，所以医院是在完成政府的目标而不是单纯自身的目标（这里的讨论不影响笔者对医护人员的尊重)，因此这种关系也构成了委托代理关系。第三个是政府与辅助服务机构的关系，这是专营性质的委托代理关系。

七、委托代理关系的改进

疫情防控体系的效率取决于委托代理关系的质量。仅就上面提到的三种类型而言，每一种都有改进的余地。

政府之间的委托代理关系，要明确定位、任务和责任，例如中央政治局常委会议明确规定的防疫责任属地原则，就是一种改进。现在的疫情局面需要提高各级政府治理的定位，面对大的疫情，需要有对所有工作（不是部分工作）负最后责任的定位认识。定位低，就会觉得委屈；定位高，就会有思路。要像温州市政府一样，能够把控全局，给人以信心。对各级政府来说，重要的不是你做了什么，而是这么做了对防控疫情会起到什么作用；重要的也不是你是否按照现有规则做了，而是这样做会对防控疫情起到什么作用。如果起到负面作用，即使是按规则做的，也是格局小了，定位低了。大疫当前，规则不是做错事情的理由。

政府与医院的关系，最终要有政府财政兜底，要有对负责任的医院、做出贡献的医护人员的激励制度（包括精神激励、物质激励、伤害补偿等），这些制度应该在防控工作进行的同时建立起来。这些制度就是通常所说的“不能让老实人吃亏，不能让奉献的人吃亏”，是一种可以保证长期持续的机制。

政府与服务机构的关系，是更一般意义上的委托代理关系。这种委托代理关系具有可替代性，可以在更大范围内选择代理人，从而改进效率。以武汉红十字会为例，这次暴露出来的问题，说明这类机构不适合现代信息条件下的大规模社会赈济的组织服务工作。从这类机构的作用来看，政府或许可以有更好的选择，或者可以引入社会组织。从长远看，要站在完善治理体系的角度，思考如何构建一个有活力的防控体系，如何适当引入市场机制以形成更有效的专业服务组织。

以上是对疫情防控工作的一点理论思考，供大家参考。这次疫情防控需要像李文亮这样的英雄，需要像温州市长那样的领导，也需要各个角度的思考，聚少成多，促成各方面的进步。但愿疫情之后我们有一个更完善的公共治理体系，有一个更美好的社会环境。

管理篇

利用大数据等信息技术完善公共安全应急体系刻不容缓

陈晓红

中国工程院院士，湖南工商大学校长，中南大学商学院名誉院长，国家自然科学基金委员会委员。

2020 年年初新冠肺炎疫情发生以来，党中央、国务院高度重视，全国上下万众一心，齐力遏制疫情蔓延。然而截至目前，全国特别是湖北省确诊病例仍在不断攀升，疫区医疗物资短缺、供应效率不高问题仍然普遍存在，社会援助调配不科学、输送不及时现象还未得到有效解决，涉疫情舆情问题还时有发生，疫情防控形势仍然严峻。这次重大突发卫生公共事件凸显了国家应急能力建设的重要性，也反映出我国重大安全事件应急快速响应体系亟须进一步加强和完善，如：风险识别能力不强，核心区域整体防控布局反应较为迟钝；

协同响应较慢，各部门孤立作战、协作对接不畅，物资处理、调度、分配各行其是；信息共享整合不足，相关部委、省、市、县各级政府信息存在出入；统一管理有待强化，各类资源的需求、募集、调配缺乏统筹，应急物资供需矛盾异常突出。正因如此，2020年2月3日中央政治局常务委员会召开的会议特别强调，要针对这次疫情应对中暴露出来的短板和不足，健全国家应急管理体系，提高处理急难险重任务能力。

大数据时代，人工智能、云计算、物联网、5G和区块链等新一代信息技术已广泛应用在应急响应体系构建中。作为新型智慧城市建设与市域治理体系的重中之重，应急响应体系通过及时采集、传输和分析紧急情况相关数据，快速生成与动态评估响应方案等形式对应急决策形成有效支撑。在此次疫情防控中，国务院"互联网+督查"平台"疫情防控线索征集"、浙江省基于AI技术的全基因组检测分析平台、"华为云"疫情远程指挥、百度公司人员迁徙地图、BAT疫情大数据报告、平安科技的肺部CT影像人工智能系统、阿里AI助力新药和疫苗研发、达闼科技与中国移动共同定制的5G测温巡查机器人、阿里巴巴菜鸟物流大数据等，在人员追踪、病例确诊、疫情态势研判、药品研制、应急资源调度等方面都发挥了重要作用。与此同时，现代信息技术在成为关键技术手段的同时，也面临新的问题和挑战，如在重大突发事件中数据共享开放不够、数据支撑相对薄弱、相关技术与系统平台支持不足、相应法律法规建设滞后、数据隐私泄露问题多发等。有鉴于此，经过多方调研，我们形成了关于利用大数据等信息技术完善国家和地方应急响应体系的几点建议。

一、收集疫情、人流、医疗物资相关大数据，分析疫情发展，合理调配物资和安排复工时间，公开数据分析结果，引导企业和公众行为

建议应急管理部会同国家卫健委、工信部、公安部、交通运输部、民政部等部门组织有关专业机构，跨部门、跨区域整合手机定位、交通客运、企事业单位与社区人员登记等大数据资源，对人口流动、搜索、医疗等数据进行AI挖掘、预测，对高风险人群进行时空轨迹分析，结合全国各地区的疫情检出动态数据，分析人口流动趋势，估计不同地区二代和三代传播概率，制定下一步的疫情防控应急策略和复工后突发状况的应对措施；利用5G结合大数据带动远程诊断与治疗信息共享；对于疫情比较严重的省市，单独进行疫情建模与定量态势分析，用于疫情控制、病患救治、人员与物质调配、合理安排复工时间等，并通过权威渠道公开数据分析结果，引导企事业单位的工作安排和公众的日常出行、生活消费、健康防护等方面的行为。

二、构建应急综合数据中心，确保事前监控有留痕，保障事中措施有依据，实现事后体系有改进

建议应急管理部会同公安、民政、交通、工信、环境、医疗等有关部门，在疫情大数据分析基础上，综合人流迁移、气候气象、大众舆情、环境监控、医疗诊断、社区服务等大

数据，构建国家和省两级结构的重大公共安全事件应急综合数据中心。通过数据的实时监控、汇集存储、处理分析提升风险识别能力，保证事前能及时预测预警，并对应急方案进行物资、人力、政策的快速准备和调运；在事中能通过历史数据和事件演变数据的动态分析，确保应急方案和实施措施快速有效调整；在事后能够及时总结应急响应的经验教训，不断完善应急处理方案和相关体制机制。

三、建设大数据智能应急响应平台，研究各种应急事件演化模型和决策支持方法，突破智能分析与调度关键技术

建议由工信部牵头，会同科技部、应急管理部、中国科学院、中国工程院等部门，联合各大高校、研究机构和大型科技企业，集成融合大数据、人工智能、物联网、5G、区块链、虚拟现实、数字孪生等新一代信息技术，建设重大安全事件大数据智能应急响应平台，高效处理重大突发事件数据，挖掘事件主体隐藏关系，提供精准应急决策，科学定量研判事件发展趋势。如：通过医疗临床数据、论文文献发表、网络舆情的人工智能分析对突发事件风险进行识别与评判；通过基于5G和物联网的人群手机定位、交通与视频监控，以及社交网络大数据分析确定重点人群移动轨迹和疫情传播风险，避免瞒报、漏报；通过基于大数据智能供应链管理，让物资以最短物流路径、最短在途时长从生产线到达疫区；通过区块链技术实现紧缺物资供应与使用溯源，社会捐赠动向的公开透明等。同时建议组织领域专家和相关团

队积极合作研究各种应急事件演化模型、关键事件识别、资源合理调度等关键技术，为突发事件处理与应急措施提供支持。

四、构建应急执行标准与规范，完善应急响应法律、机制和相关配套政策

建议应急管理部联合工信、科技等部门，根据应急事件案例，结合大数据、人工智能、虚拟现实仿真对应急响应措施进行分析重演，评估各项应急策略、政策措施实施效果，形成重大公共安全事件应急执行标准与规范。同时，完善数据使用、分析预警、预案制定、响应决策、灾情通报、信息公开、效果评估、失职问责等方面的应急事件快速响应相关法律和机制，逐步调整物资储备、资源调配、交通管制、市场监管、舆情监控、停工复工、急需技术和产品研发支持与上市审批等方面的配套政策。

五、完善隐私保护制度，注重公共安全和公民隐私之间的平衡

在应急快速响应体系使用各种大数据的同时，应该注意保障个人隐私数据，防止隐私数据泄露导致新的安全事件产生。但如果过于强调个人信息保护，相关数据不能有效交流共享，可能会对应急响应的分析、判断、实施产生阻碍，一定程度上削弱国家的应急响应能力。因此，建议各有关部门和地方政府应在保障个人信息安全的前提下，充分平衡社会

公共利益和公民个人利益，颁布临时性法规，允许在重大公共安全事件应急处置的特殊时期，采用区块链溯源、智能化脱敏与认证、敏感数据使用标准规范与制度监管等手段，合理合规、可控可追溯地利用个人数据，实现应急快速响应过程中数据支持的及时性和有效性。

在迭代中升级

——高校特别是国际大学的挑战和对策

席西民

西安交通大学管理学教授、博士生导师，西交利物浦大学执行校长，英国利物浦大学副校长，陕西 MBA 学院常务副院长。于 1987 年创立了和谐理论，并将其扩展成和谐管理理论。主要研究领域：战略管理及政策分析、决策与决策支持系统、管理行为与领导理论等。

当抗疫进入攻坚之际，各行各业必须面对防疫与发展如何兼顾的挑战。

就大学而言，因其师生分布广、活动比较聚集，恢复正常教学会遇到更多问题。在各级主管部门的指导下，各校纷纷出台应对方案，基本上是推迟开学、开启网络教育、加强校园和宿舍管理等。对于偏文类院校，尽管也有时间仓促、准备不足等问题，但困难相对小一些。对理工科偏重的大学，大量课程的实验、实践和研究等需求会给教学组织、教学质量和效果带来挑战。

对于像西交利物浦大学（以下简称西浦）这样的国际大学，挑战则会更大。除上述网络教育需要应对的问题外，还有如下特殊困难：

（1）校园的开放性（如西浦校园没有围墙），会使开学后校园管理挑战更大。

（2）师生的国际性（西浦目前师生来自 100 个左右的国家和地区，老师全球招聘，外籍教师占 70% 左右），当世界卫生组织（WHO）2020 年 1 月 30 日宣布新冠肺炎疫情构成“国际关注的突发公共卫生事件”（PHEIC）后，美国暂时禁止过去 14 天内到过中国的外国人入境，意大利宣布进入国家紧急状态等，许多国家和航空公司中断往来中国的航线，直接影响了国际师生的出行；更为严重的是，美国等国家将中国旅行预警级别升至最高的四级，即警告其公民不要前往中国，如果在中国的最好离开，否则其领事服务、国内健康和养老会受到影响，这造成来自这些国家和地区的大量师生处于两难境地，不听取可能遭受巨大风险，听取的话工作和学习难以持续，甚至会考虑放弃在中国的岗位和学习机会，这对国际合作办学和中国国际化构成严重威胁。

（3）国际合作关系的复杂化，疫情虽然是暂时的，但因疫情导致的排华、种族歧视等加剧了因特朗普、英国脱欧等弥漫在人类上空的逆全球化、单边主义和民粹主义的阴霾，具体表现在签证、交通、贸易、交流等方面的不确定性，可能会对国际合作带来较长远的影响，对国际大学来说直接涉及师资队伍的稳定性和招聘、留学生的招生、科研的国际合作、学术的国际交流等。

危机往往是孕育创新和变不可能为可能的机会，当下也是每个人、组织面对危机和新形势，大胆创新和部署未来变革的难得机遇。针对这一系列挑战，大学除常规的加强校园管理和防疫措施以外，还可通过创新化危为机，例如：

（1）迅速拓展网络教育，提升其技术和效果，包括采用一系列新的技术和教育理念，如虚拟现实（VR)、增强现实（AR)、混合现实（MR)、5G 等技术支持的远程协作，翻转课堂、基于项目或问题的学习、研究导向型的教育等。

（2）研究利用网络重组管理，提升效率。创新往往会遇到惰性和传统习惯的阻击，危机期则更容易突破这些障碍，重新审视组织管理体系和运作流程，加大网络化改造，重塑大学仍然普遍使用但已经不适应知识组织的传统的科层组织体系，创建网络化组织和运行模式，释放知识工作者和知识组织的效率。

（3）趁机加速数字化和智能化时代的教育转型和升级，例如将大学和老师主导的教学转化为真正以学生为中心的学习，探索网上网下有机结合的教育模式，探索分布式支持的终生学习、创新和创业的新型大学教育和服务体系等。

（4）对国际大学来说，亟须探讨危机情况下稳定和支持师资的服务体系，站在老师的需求方面提供帮他们渡过危机的各种支持，还要通过事业创新和发展让他们提振信心和坚守，帮学校进一步提升国际品牌和吸引力。

（5）对教育来说，危机虽然不幸，但积极面对却是一种难得的教育机会和资源。例如，西浦利用这一特殊时期，推进教育创新，探索教育变革，在开学前推出两周的“世界公民素养”线上课程，将防疫作为一场实战演练，帮助西浦学生提升应对危机的能力和作为世界公民的责任，同时也作为新型网络课程与学习观的一次尝试。课程以疫情为主题，将引导学生从社会责任、数字公民、可持续发展以及社会创新四个维度，探讨重大事件和问题的解决方案。鼓励学生甚至家长和亲朋一起参加，与其在无聊中发牢骚和抱怨，不如利用这突如其来的挑战磨炼自己，在学习和演练中成长，在思考和研究中创新，既丰富自己的生活，提高自身素养和能力，还助力教育的创新发展，促进社会的持续进步。

当然，大学努力做好自己的工作就是对抗疫的最大贡献，但大学还肩负着探究和引领未来及社会服务的重任，所以还需要利用自己的研究和知识传播能力引导社会舆论，传播正能量，消除人们恐慌和焦虑的心态，扮演好影响人类文明和社会进步的重要角色。

为了帮助大学渡过难关，更健康地发展，在危机时期，各级政府除给予大学防疫的必要指导外，还需要积极帮助学校解决因疫情带来的各种操作困难。对教育的国际化来说，国家需充分利用我国的国际地位和外交能力，维护中国形象，营造良好的国际环境，对境外专家特殊问题提供及时的政策支持，这也会给予大学特别是国际大学极大的帮助。

疫情下更需要企业家的经营意志力

陈春花

北京大学王宽诚讲席教授，国家发展研究院BiMBA院长。研究领域：数字化时代组织管理创新研究、中国领先企业研究。

在任何一个经营时期，人们是否具备经营的意志力有着生死攸关的作用，这是我在2008年写下的一个观点和一篇文章。2020年春节新冠肺炎疫情的出现，给中国市场和企业经营环境带来巨大冲击，我更新这篇文章，因为此时，更需要企业领导者有经营的意志力。

新冠肺炎疫情的确带来巨大影响，同时我们也需要看到疫情之下的经济问题也会变得极具挑战和危机。面对危机和挑战，最重要的是什么？是企业家的信心和企业家的经营意志力。

我在持续的研究中常常发现，何以两家公司的外在环境相同，创立者的出身也类似，却在几年后有着全然不同的结果？何以环境对于一些企业来说极其重要，而对于另外一些企业来说只是经营的条件而已？归根结底是领导者的经营意志力不同使然。

无论企业面对什么样的环境变化，企业最大的问题不是环境的变化，而是自我成长的问题，是从一种规模转变到另一种规模的问题，是从一种发展模式转变到另一种发展模式的问题。而企业成长问题的实质就是管理态度的问题，企业要持续成功地成长，先决条件是管理者必须具有经营的意志力，必须能够不受环境的影响而保持为增长所采取的行动。因而企业持续成长的真正问题在于管理者，在于管理者自身的意志力和解决问题的能力，以及创造增长的能力。

企业使命通常代表着一系列相互依存的价值观念和行为方式的总和。这些价值观念、行为方式要为员工所共同拥有，需经过长时间的积累，需借助领导者行为的导向。促进企业经营业绩增长的企业使命在开始的时候，至少有两点十分关键：一是领导者必须拥有（或创立）与市场经营环境相适应的经营指导思想；二是要有一个能够适应企业所处市场经营环境并能够带来经营成就的企业经营策略。

因此，领导者不仅要有能力带领企业获得有效的成长，当外在环境转变时，还必须能够将之安置并做进一步的发展。完成这样的要求，领导者必须具备以下能力：

（1）觉知与洞悉能力；

（2）超凡的动机与坚持力；

（3）改变文化假定的能力；

（4）给人激励与希望的能力。

如何驾驭不确定性已经成为管理者最核心的领导力挑战，不确定性已经深入到每一个角落，从气候的不确定性，到经济的不确定性；从组织的不确定性，到个体的不确定性，似乎没有人能够处在一个稳定的状态中。新冠肺炎疫情的发生，带来的不确定性就摆在我们面前。春节假期的这段时间里，让我们深深地感受到，每个人都面临着前所未有的挑战，这个时代的不确定性远远超过了以往任何时期，无论是在变化的规模、速度还是迅猛程度上，都与过去根本不在同一个数量级上。我们也必须学会驾驭这些不确定性，并创造出自己的生长模式。

具有经营意志力的领导者，在创造一个增长型公司的过程中所扮演的角色，一直是我研究的主题，优秀的领导者是保障公司持续增长的主导因素。具有经营意志力的领导者，能够让企业和环境进行互动，可以在洞察变化中做出选择。所以，在讨论如何在危机中获得生机的时候，首要任务就是领导者有意愿也有能力改变企业，改变管理者和员工的态度和行为，在危机的环境中，创造属于自己的生长方式。

在新冠肺炎疫情面前，我们必须接受这一切，并与疫情共处，但是，我们也相信，无论在任何时候，信心总比黄金贵，人类意志都是强大而可依靠的力量。

调整财务管理策略
有效应对疫情困境

张新民

对外经济贸易大学副校长，会计学教授，财政部会计名家。研究领域：中国企业财务报表分析理论与方法、公司财务管理、公司治理。

在应对新冠肺炎疫情过程中，很多企业陷入财务困境。危难中，调整财务管理策略，就有可能利用有限的财务资源帮助企业渡过难关。

一、应对新冠肺炎疫情过程中企业可能面临的财务困境

由于部分城市封城、交通阻断、2020年春季开工的不断推迟以及城际交通与物流能力的大幅下降，一些企业迅速陷入财务困境。

1. 市场萎缩，经营现金流入量大幅减少

在商品和服务市场方面，全国上下全力抗击新冠肺炎疫情，导致市场方面与抗击新冠肺炎疫情有关的医疗卫生产品短缺，大量传统产品的市场出现萎缩。

对于受市场萎缩影响的企业而言，其至关重要的经营活动产生的现金流入量首先出现下降，而这种下降在一段时间内还会持续下去。

与此同时，在新冠肺炎疫情以前所产生的债权（企业的应收账款等）的可回收性也在变差——一些债务企业由于担心自己未来的市场会持续萎缩而推迟对商业负债的清偿，导致债权企业的经营活动产生的现金流入量进一步恶化。

2. 刚性支出增加

即使企业出现萎缩的经营活动可以在一段时间依靠已有的库存和推迟支付员工工资来进行，但企业的某些活动如销售活动等不得不推迟进行，企业的一些刚性支出不但不能缩小，反而可能加大：企业与防疫有关的支出必然增加，还可能支付一些赈灾捐赠等。

因此，本来已经在经营活动现金流入量陷入困境的企业，可能还要面临某些刚性支出进一步增加的情况，这对企业的现金流量管理无异于雪上加霜。

3. 筹资渠道受阻，筹资规模受限

由于对新冠肺炎疫情结束的时间难以判断，企业的债务筹资渠道和规模在一定程度上会受到限制。尽管有些金融机构推出了惠及债务筹资方的信贷政策，但对于很多企业而言，难以从金融机构获得增量贷款以应对新冠肺炎疫情所带来的财务困境是他们必须面对的现实。

因此，可以说，在抗击新冠肺炎疫情过程中，不少企业所面临的财务困境是现金流量和成本控制问题。

二、调整财务策略、有效应对新冠肺炎疫情困境

在面临可以预期终将赢得抗击新冠肺炎疫情胜利的前提下，通过适当调整财务管理策略，是可以在一定程度上帮助企业渡过财务难关的。

1. 现金流量管理聚焦生存，暂缓发展

常规情况下的企业现金流量管理会兼顾企业的经营与发展。在结构安排上，当企业经营活动产生的现金流量较为充分时，企业筹资获得的现金流量将主要支持企业投资扩张（对内购建固定资产和无形资产等，对外进行各种股权投资等）所需要的资本性支出。这实质上是一种兼顾企业经营与发展的现金流量管理模式。

在抗击新冠肺炎疫情的环境下，企业现金流量管理的着眼点就要从兼顾经营与扩张或发展调整为着力解决企业生存方面。

具体而言，在现金流量支出的安排上，企业应首先满足经营活动现金流量的支出。在现金流量相对紧张的条件下，企业应该尽量推迟安排资本性支出。这样安排，虽然可能推迟实施具有战略意义的企业扩张或发展项目，却能够在一定程度上解决企业的生存问题。

在面临生存与发展抉择的时候，企业只有先生存下来，

才能谋求后续的发展。

2. 成本管理聚焦酌量性成本

按照管理会计的基本原理，在企业成本中，按照与企业当前管理层的管理决策的关联性，可以区分为酌量性成本和约束性成本。其中，在抗击新冠肺炎疫情过程中的酌量性成本是指那些直接取决于企业当前管理层的决策的成本，如与选择哪种防疫器材与装备、采用怎样的抗击新冠肺炎疫情的人力资源工作安排、与抗击新冠肺炎疫情有关的加班津贴和补贴，以及采用何种宣传媒介、宣传强度等有关的成本或支出。

而约束性成本则是指那些与以前管理层决策有关或与当前管理层的决策不能控制的因素有关，但在本期或未来支付、与当前管理层的决策无关的成本或支出，如抗击新冠肺炎疫情过程中必须支付的企业水电费、企业发生的与其被强制性征用设施有关的费用、由企业以前决策决定的本期及未来需要支付的购买支出等。

显然，抗击新冠肺炎疫情期间的成本管理应该聚焦在酌量性成本或者支出上。

3. 筹资结构从债务融资到债务融资与股权融资的合理安排

当企业在经营活动现金流量不足的时候，其现金流出就要消耗企业现存的货币资金。如果企业没有存量货币资金可供消耗，就要考虑筹资。

在筹资方面，企业当然要继续争取金融机构的贷款。在债务筹资受到限制而企业必须筹资的时候，企业的筹资对象就要考虑从“自家人”那里获得。

这里的“自家人”是指企业的股东和员工。对于企业而言，既可以在关键时刻向自己的员工借款以渡过难关，也可以向自己的股东借款。当然，股东也可以协商一致，按照一定的约定向企业注入增量资本；或者股东在借给企业部分款项的同时，还向企业注入增量资本。

期待着在取得抗击新冠肺炎战役胜利以后，中国的企业都能够获得新的更好的发展机会！

疫情肆虐严冬下活着最重要，赋能是必需

徐　飞

战略学教授、博士生导师，上海财经大学常务副校长，曾任上海交通大学副校长，西南交通大学校长。任教育部高等学校创新创业教育指导委员会副主任，全国工商管理专业学位研究生教育指导委员会委员，教育部长江学者通讯评审专家。主要研究领域：战略管理、竞争战略与博弈论、高技术创新战略、创新创业与跨文化领导力。

新冠肺炎疫情袭来，企业经营普遍困难，特别是民营企业、中小企业的情况十分严峻，部分甚至到了生死存亡关头。整体而言，疫情造成的挑战主要集中在经营预期悲观、线下销售困难、经营成本上升、资金周转不畅、产业发展不景气、到期债务或还贷压力紧绷等。简言之，市场、资金、成本集中恶化，核心问题是现金流。当下，企业营收基本为零，支出却是刚性的：员工要开工资，物业费、房租、水电煤气费照付，还要支付贷款利息等财务费用。在这种只出不进的情

形下，哪怕是平时现金流较充足的企业也挺不过几个月，赢弱的中小企业更是撑不住。

企业是国家经济的命脉，保护企业、保护企业家利益，就是保护国脉、保护国家。进言之，保住企业就是保住了就业，也维系了基层社会稳定，这既是经济也是政治。而中小企业贡献了50%以上的税收、60%以上的GDP、70%以上的技术创新、80%以上的城镇劳动就业、90%以上的企业数量，是中国经济微观基础的最大主体，若能保住大多数中小企业熬过疫情不倒闭，国家就保住了造血机能，恰如非洲大草原的动植物，挺过旱季、迎来雨季，就能从奄奄一息到勃勃生机。近期，国家有关部门密集出台在疫情期间的支持政策，明确对中小企业减负减税，提供信用贷款支持，下调贷款利率，取消反担保要求，帮助企业与金融机构对接，争取尽快放贷、不抽贷、不压贷、不断贷。以苏州市政府出台的“苏惠十条”为代表，各地方政府也纷纷出台扶持中小企业的相关政策，支持中小企业共渡难关。这些政策无疑是及时雨，可切实帮助企业解决“止血”和“补血”问题，让企业走出现金流断裂困境，助力企业活下来。

实际上，即便没有这次疫情，此前中小企业也面临中美贸易摩擦等外部不利环境，以及长期未得到解决的融资难、融资贵等问题，现在的疫情更是雪上加霜，迫切需要政府雪中送炭，及时出台更具针对性的“硬核”帮扶政策，在税费减免、银行贷款或续贷、稳岗补贴、产业补贴等有关政策方面进一步加大力度，和企业一道共克时艰。需要强调的是，政府政策要明确具体、有针对性，确保实施中能落小落细可执行，落实落地不悬空。政策还要“减加并重”。一方面，酌情减免受疫情影响严重的企业的增值税，降低相关所得税；适当减免2020年第一季度社保缴纳额，允许企业延缓缴纳社保；加大对参与捐赠的企业和个人予以所得税抵扣；在特殊时期给予企业还本付息延期支持。另一方面，基于许多企业面临现金流断裂的严峻现实，光减不行，还要做加法，通过给予疫情受损企业财政补贴，真金白银地支持企业过冬。此外，在延长假期期间，还要兼顾企业和员工利益。在落实员工带薪休假制度的同时，延长假期及推迟复工期间的薪酬支付，可由企业自主合理安排而非强制工资，由此减少企业因负担过重而导致复工后出现的大量裁员现象。

自助者，天助之。哲学上也讲，外因是变化的条件，内因才是变化的根据。当下企业固然需要充分利用一切能用的外部条件，可用尽用，特别是把国家在非常时期诸如强化金融对疫情防控工作的支持、稳定职工队伍、减轻企业负担等政策用足。但是，企业自身内部挖潜自保自救、妥善有效应对危机才是根本和硬道理。病毒肆虐、疫情凶猛，企业当前应优先处理疫情防控，优先确保员工和企业家自身平安健康。须知，生命至上、健康第一，活着最重要，活着就有机会。换言之，生死之外无大事，只要活着，一切皆有可能。相比2003年的非典，本次疫情虽传染性更强但致命性不强，这着实令人聊以欣慰。同时，不但人要活着，企业也要活着，所谓把疫情造成的影响和损失减少到最低，其底线要求应是确保企业"活着"度过艰难时期。对很多企业而言，如果说昨天是为利润而拼，今天则是为生死而战。为此，企业要高度关切现金流，极限式降低成本，采取一切措施"捂紧钱袋子"，保守财务，比如，回租业务就是解决企业流动资金不足的有效举措之一。切记，现金为王，这对企业活下来至关重要。

面对突如其来的疫情，怨天尤人、愤世嫉俗于事无补，此时，平和理性、坚定信心比金子还宝贵。对个体自然人而言，乐观淡定是最好的免疫力；对组织法人而言，乐观的心态、理性的判断、有效的方法则有助于度过艰难时刻。企业家和高管团队要带头垂范，以必定战胜任何困难的精神力量和无畏气概，为沮丧情绪和散乱人心注入勇气与信念，让员工坚守希望。新冠肺炎疫情发生以来，政府和人民全力以赴抗击疫情，民众虽身处困境，却依然互相帮助、奉献爱心，保持理性和忍耐。政府积极作为、有效作为、坚决作为，全国动员、全面部署、快速反应，加强疫情研判，精准施策，落实属地责任，采取集中隔离、网格化管理等最全面、最严格的防控举措，严防死守。中国有集中力量办大事的制度优势，有较好的经济基础和物资储备，有巨大的发展韧性和回旋余地，因此有理由相信，在充分吸取国内外历次应对鼠疫、霍乱、天花、非典、禽流感等疫情经验教训的基础上，政府通过持续改进相应公共政策，不断提升化解突发事件能力，优化应对突发事件组织机制，上下同欲，众志成城，疫情终将得以有效阻击。值得一提的是，在所有天灾中，瘟疫和地震、台风、火山爆发、海啸等不同，其特别之处在于，它只肆虐人（生命）却不伤害物。一旦疫情过去，人在物在，社会活力和经济生机又可以重生绽放出来。

危机孕育生机，风险酝酿机遇。企业在关切当前生存的同时，还需关注未来发展。此次疫情或将催生新的业态，倒逼生产、生活方式加速朝着数字化、智能化、线上化方向发展，以电商为代表的“平台经济”将成为面向消费者终端行业的主流。现在，远程办公已经起步，接下来云业务、大数据、人工智能都将广泛应用，云办公、云协同将推动把物流、营销、研发乃至财务、会计、人事、质量等管理工作上网。企业要积极探索新业态、新模式和新趋势，及早做好战略预判和前期谋划，利用当前疫情这个非常时间窗口，思考平时尚未深度思考的 VUCA 时代的若干重大问题，比如：数字化战略转型、线上业务与业态重构、组织变革与流程再造、产业升级、生态位建构，以及人机协同与智慧管理、不确定性驾驭与韧性管理等，特别是如何迎接人工智能 + 大数据 +5G+ 量子计算 + 区块链等给行业带来的深刻变革。正所谓严冬既要冬眠，更需冬泳，乃至冬猎。2020 年是 5G 商用全面启动年，未来已来，企业必须加强修炼，固本培元，赋能强筋，逆势突围，正当其时。

防疫危机状况下的企业创新发展

李　垣　　同济大学经济与管理学院院长、特聘教授。教育部长江学者特聘教授，国家自然科学基金杰出青年项目获得者。教育部管理科学与工程教学指导委员会副主任，国务院学位委员会工商管理学科评议组成员，中国科学与科技政策研究会副理事长。主要研究领域：创新管理与战略管理研究。

2020年初来势汹汹的新冠肺炎疫情扰乱了整个国民经济前进的步伐，全国上下都全力投入到防疫抗疫的战斗中，各地各行业不得不迅速调整节奏来应对危机。猝不及防的疫情冲击导致我国企业在承受经济下行压力的同时，还必须接受市场需求急剧萎缩、生产经营短期难以恢复等巨大考验。在这种情况下，很多企业不仅需要克服自身经营中存在的困难，还要应对资源短缺、需求下降、企业合作网络休克的风险。面对这些困难，企业如何有效突围、逆势发展成为人们关注的问题。

理论和实践反复证明，有效的创新往往出现在危机和萧条情况下。此次危机已经集中地暴露出来我国经济社会发展中的许多短板，这有助于我们更清晰地认识未来需要大力发展的新兴产业（如大健康产业、数据经济产业）、公共服务需求（如家庭、社区物联网、公共卫生服务建设）和潜在市场等重大机遇。危难时刻，企业更应当认真思考如何有效地化危为机，抓住政策调整、产业结构优化和社会认知改变的时机，及时调整产品结构，加快创新发展。为此，我们提出以下建议。

一、强化企业的战略创新

要改变惯性发展的战略思维，建立柔性战略的发展思维，善于利用变化实施创新，从危机中找到新的出路。要看到此次危机将改变政府管理、社会文化、市场格局和消费者行为等诸多方面，国家和地方及许多行业将出现许多变化，这样的变化将为许多行业和企业提供创新的机遇。企业家要从战略上超前预判，把握抗疫局势变换，及时分析创新机会，实时推动企业的产品创新、组织创新、服务创新，改变传统的行业规则，构建新的竞争优势，带动产业创新。

二、建立快速响应的管理机制

要强化忧患意识，制定应对重要不确定性事件（例如此次公共卫生危机事件）的战略设计和相应预案。同时，在经营过程中，培养和提高柔性管理能力，在危机时刻，要更加关注生存和发展机会，而不是机械地强调规模和利润指标；同时，关注可能出现的新产业（如大健康、数字经济、现代服务业等）和市场新机会，及时调整业务范围，转型发展。在转型过程中，要利用需求的急剧变化和企业面临的严峻形势，加快思想解放，及时转变观念，将各方认识统一到创新发展的思路上，优化工作流程和改进部门协作机制，加快产品结构调整，注重提高企业业务转换的效率和控制好转换成本。

三、创新企业的组织方式，提高内外兼修的运营能力

抗疫环境中，阶段性的经营节奏放缓，允许我们更加静心地审视企业内外部存在的问题和需要改革、创新的工作，及时调整与改进，特别是在成本控制和内外协同等方面积极作为。与此同时，科学审视企业的治理机制和企业文化，建立尊重创新的企业文化，制定和完善鼓励创新和内部创业的制度规定。同时，改进组织结构、创新组织管理方式，完善考核机制，从组织和个人发展方面鼓励创新。

四、构建众智众创的企业创新生态

未来的竞争是人才的竞争、生态的竞争。面对危机，要加强员工培训，提升内部战斗力，促进部门协作，鼓励全员创新。危机的环境最容易调动员工创新的积极性和主观能动性，也最有可能通过员工的积极作为发现新的突围路径和新

的发展空间。同时，扩大合作范围，吸引外部资源参与创新，升级企业创新生态，集企业内外之力，探索新的发展之路和商业模式。

五、主动出击，勇于承担社会责任，并积极与政府、社会和行业互动，寻求协同发展

面对大疫，各级政府亟须了解当期的有效应急策略和后期快速恢复生产建议。企业家要组织力量，认真研判和分析，从自身实际出发，综合考虑各利益相关者的关切和困难，主动为政府出谋划策，在有效解决自身问题的同时，帮助政府化解难题，帮助社会克服困难，促进企业与社会共同发展。同时，创造性地回应和利用各级政府出台的应急政策，与政府良性互动，把解决当下应急问题与加快未来发展有机结合，抢抓政策机遇和未来市场空间。

企业应对危机的四大战略性对策

芮明杰

复旦大学管理学院产业经济学系主任，兼任复旦大学企业发展与管理创新研究中心主任，教授、博士生导师。主要研究方向：产业与企业发展、创新与知识管理。

本次新型冠状病毒导致的突发性疫情就是一只“黑天鹅”，出乎人们的意料，它首先是对我国公共卫生体系的巨大冲击，紧接着由于病毒扩散与蔓延至全国，正常的社会、经济、生产、消费等活动完全被打断，而且什么时间可以恢复也很难准确估计，于是对于春节后准备开工生产经营的企业而言成为突发性的灾难，它已经是企业外部环境发生重大变化导致的企业突发性危机。因为防范疫情需要，人们现时正常的消费需求大大减少，大量的企业员工可能被隔离一时很难来工作，正常的生产经营十分困难，而企业的固定支出在继续，正常的经营收入则大大减少，这样资金状况就一定要出问题，企业危机产生了。

企业危机应对是指企业为避免或者减轻危机所带来的严重威胁和损害，从而有组织、有计划地思考、制定和实施一系列管理措施和应对策略的过程，具体包括危机的规避、危机的控制、危机的解决与危机解决后的复兴。对企业而言，危机一般有两类。一类是企业自身的突发性危机，如产品出现重大问题，突发资金链断裂，法律诉讼导致的信誉问题，生产供应链断裂等。由于这些危机是企业自身的危机，企业多少还能够紧急应对，当然应对失误的案例比比皆是。

另一类是企业外部环境发生重大变化导致的企业突发性危机，例如重大自然灾害、战争、金融危机、经济灾难等，这些突发性危机导致企业正常生产经营环境发生巨大变化，有时是单个企业无法抗拒的，甚至是大部分企业无法抗拒的灾难。对一般企业而言，即便有应对自身危机的危机意识与危机管理体系，也不见得有应对外部环境重大危机的危机管理体系与策略。例如 2008 年的全球金融危机席卷而来时，有很多金融企业破产，很多企业自身不保；而一项严厉的银根抽紧政策也会使许多中小企业因为资金链断裂而结束营业。

本次疫情爆发是影响广泛的企业外部性危机，应对这样的突发性灾难企业应该怎么办？这是考验企业是否有危机意识、是否有良好应对外部危机与自身危机的管理体系与策略的关键时刻。因此，我以为，企业时下需要有如下战略性应对：

（1）需要认真研判疫情变化趋势对经济与产业的直接影响。目前来看，先是对消费服务业产生重大影响，接着由于产业的关联性波及消费品制造业，然后是生产性服务业，最后是其他制造业。经济与产业的整体状况必然影响市场状况，影响资本市场，最近证券市场的波动已经说明问题。但要注意判断究竟是短期影响还是长期影响，我们希望本次疫情不改变中国经济长期向好的趋势，但企业必须有短期变坏的应对策略。

（2）贸易保护主义导致的逆全球化并不一定会因为中美签订了第一阶段贸易协定而终止，未来会不会因为疫情进一步扩散，其他国家或地区采取措施导致我国与其他国家的正常人员交往、货物进出口等受到影响？汇率会怎么变化？这些问题也是有可能发生的，因此企业尤其是有进出口业务的企业必须思考和制定应对策略。

（3）可以预计整个市场可能会有相当一段时间的低迷，即便在正确的领导下疫情得到很快的抑制（我们希望如此），但受过疫情防治创伤的人们心理上要适应正常生产、生活，也还需要一段时间，为此企业进行适当的战略决策，开展生产经营调整、人力资源应对、资本策略等危机应对，消除或降低疫情危机带来的威胁和损失，进行自救就显得十分重要，基本策略就是先生存下去，再谋求发展。

（4）企业当下可能需要研究采取诸如：从集中未隔离式生产与服务调整为分散隔离式生产与服务；从互联网线下的分销经营调整为互联网线上分销经营；调整或延期正在投资

的项目以观察未来市场变化以及保护资金链的安全；稳定现有的合作关系或开展更好的战略联盟以共渡难关；积极探寻防控疫情的市场机会为疫情的早日结束贡献力量；等等。

可以这么说，作为整体经济基石的广大企业如果应对此次危机得当，政府决策正确，经济就不会出大问题，未来发展可期。

因业制宜，长短结合

——突发疫情下的高效精准施策

魏　江

教授、博士生导师，教育部长江学者特聘教授。浙江大学管理学院院长，中国科教战略研究院副院长，创新创业学院副院长，全球浙商研究院院长，科教发展战略研究中心执行主任。

新冠肺炎疫情的突发，考验了政府和企业的快速应对能力。为了能给政府部门和企业提供决策参考，我组织小组用4天时间进行网上问卷调查、微信案例调查和电话访谈，完成如下报告。

一、对产业影响的判断

这次新冠肺炎疫情的冲击和后果，会较2003年非典更加严重，因为它更具隐蔽性和传染性，感染人数远远超过非典。由于国家和政府治理得力，对经济影响总体可控。预计这次疫情会导致2020年第一季度经济增速下降到3%～4%，对全年经济增长的冲击在1%左右，总损失会在1万亿元以上。在第二季度，第三产业和消费应该会快速回升。对制造业和国际贸易的影响具有滞后期和延续性，疫情的冲击会持续整个上半年。

对不同产业的影响各具特点，从调查反馈看，疫情对产业影响分短期（季度性）和中长期（半年度）两个波段。短期直接影响的是劳动密集型消费产业，主要是旅游业、餐饮业、商贸业、文化娱乐业等。

第一，对旅游业的影响。对照2019年春节假期的旅游人数总量和旅游收入总额，2020年5 500亿元左右的市场直接消失，国际旅游萎缩，民用航空产业迎来艰难时刻。酒店业4月份之前难以恢复。

第二，餐饮业是短期影响最大的产业。按照2019年餐饮行业营收统计，2020年餐饮业仅春节损失达5 000亿元。

第三，对文化娱乐业的影响。电影产业按照去年同期估算，票房损失大概70亿元。同时，产业链和配套产生损失会达到20亿元左右。

第四，对商贸流通业的影响。商场服务业影响非常大，生存已非常艰难。大城市里90%以上门店关闭，如果2月底不能开业，大量小微企业要倒闭。

产生半年度甚至更长时期影响的，会从劳动密集型生产企业开始，再到整体制造业，如房地产业、制造企业、出口贸易等。

第一，对房地产业的影响。房地产业几乎停滞，商业地产哀鸿遍野，预计第一季度损失会上几十亿元。

第二，对出口贸易的影响。不少主要贸易国，包括美国、英国、意大利、日本等已暂停航班往来，按照两个月国际贸易、人员往来情况，及国内谈判、物流、资金周转等分析，整个上半年出口贸易会受到大的影响。

第三，对制造业的影响。对制造业的影响是全方位的，也是持续时间最长的，包括对交货的影响，对供应链的影响，对现金流的影响，等等。

二、因业制宜，长短结合，精准施策

总体思路：因业制宜，长短结合，精准施策。从目前形势看，中小企业直接面临生死存亡的危险，建议各地尽快先出台政策，扶植中小企业。

1. 短期精准施策

首先，建议以财政政策为主，解决中小企业生存问题。

（1）减免租金。对租用非国有企业用地用房的，政府给予延缓缴纳期间的租金减免，按照市场利率给予相应的财政补贴。

（2）工资补贴。对非正常开工期间的员工工资，政府补助兜底。对疫期就业的员工，给予工资总额30%的补贴。允许企业与员工协商疫情期间工资待遇。

（3）财政贴息。对用于发放员工工资的银行贷款，政府给予财政贴息；延长贷款期的，给予疫期贴息；对帮助政府承担巨额员工成本的，给予一次性补贴。

（4）保现金流。国有银行和地方性商业银行疫期不抽贷、不压贷、不断贷。对质量好的企业提供中长期的低息甚至无息贷款。

（5）培训费补贴。对停工期间组织职工线上职业培训的，纳入地方教育附加专项资金补贴企业职工培训范围，按实际培训费用给予补贴。

其次，配合金融政策，解决中小企业补血问题（各地已出台不少金融政策，这里做两点补充）。

（1）突发事件期间就业保险。在疫情还没有完全消除之前，对于符合生产条件的员工，在工作期间给予就业保险。

（2）发挥国家政策性银行作用。设立“疫情防控专项紧急融资”，发放专项项目贷款。

最后，短期尽快启动支持企业复工的政策。

（1）制定返岗人员的标准要求，由输出地政府有组织集中输出，全程医疗监测。输入地政府组织企业集中有序接收安排，严加把关返岗人员条件。

（2）工业园区封闭式管理，进行全程疫情监测，园区生活物资保障，由管委会统筹安排，集中分发，员工吃住全部在园区。

（3）原材料和产品物流推行全程供应链管理，运输车辆统一消毒。

2. 中长期精准施策

（1）尽快出台全年的减税政策。包括增值税、房产税等，让企业能够对减免税有实实在在的获得感。

（2）研究启动“五一”长假制。要专门设计政策，研究制定安全、健康、可控的旅游市场管理制度，帮助整个旅游业提振信心。

（3）调整完善房地产政策。政府适当放松限价，对冲企业成本压力。适当放松限购限贷，通过进一步提高首付，有节奏地激活房地产市场。

（4）加快发展网上经济。无论是消费、商贸、文化娱乐、教育、餐饮等，还是制造业，要出台有效政策，推进网上经济，借危为机，推动产业转型升级。

（5）加快物流产业升级。建议政府发挥市场的基础性作用，消除全物流链条的短板，切勿画地为牢，切勿体制内封闭。

借力中华智慧，在疫情中完成企业升级

齐善鸿

南开大学商学院教授、博士生导师，国学与管理研究中心主任，中华炎黄文化研究会专家委员会副主任，太极文化专业委员会主任，老子道学文化研究会副会长，孔子基金会特聘专家。挂职聚成股份任董事长兼党委书记。

新冠肺炎疫情牵动人心，不仅改变了我们习以为常的春节生活模式，也给企业当下的经营活动带来了重大影响，尤其是给许多人的心理带来了焦虑的情绪。怎么办？面对这突如其来的疫情，我们如何做好自己的心理和行为的调整呢？

世人在主观愿望上都在追求幸福美好，可一些灾难又总是不期而遇。拥有几千年实践经验积累的中华古老智慧告诉我们一个残酷的道理："苦难兴邦"。用直白的语言来说，就是一个人乃至一个民族，应对苦难的智慧往往是一个人的进步和一个民族进化的重要心力。不仅如此，即使是我们所喜欢的幸福与顺利，对于个人与民族，也是重大的考验，因为在顺势中，人们也很容易犯下一种错误，这就是迷失自己。也就是说，在人们醉心于外部经济发展时，人心很容易停止进步甚至出现偏差。各个民族的发展中都出现过类似的问题，也就是我们所熟悉的那种自我膨胀、自以为是、追求奢华物质生活，而忽视了精神生活的提升与同步的思想境界的进步。

人与天地万物共处在一个自然系统中，自然界的问题与人类生活中遇到的问题，往往是来自一个系统的“症状”，“内外相应”也是中华文化所揭示的一个自然规律。在人们遭遇突如其来的灾难性事件时，本能的反应是恐慌和焦虑，这来自缺乏认识和必要的准备。而我们对自身和自然界认识的丰富与自我的调整，往往也来自人们原有的认识与经验体系中缺乏的部分。正是因为某种缺乏，才会得到规律所导致的事件给我们认知与经验的补充。纵观人类历史，我们知识与智慧的重大进化，几乎无一例外都来自我们不喜欢的灾难性事件。比如，古时人们认为是妖魔作怪的疾病，最终让我们发现了病原体，也让我们知道了应对的方法与措施。

老子在《道德经》中说，“祸兮，福之所倚；福兮，祸之所伏”。天地大道，阴阳相生，此消彼长，这就是中国古人对世间万事万物变化的智慧思维。中华文化讲究“天人合一”的和谐发展观，也就是为了匡正人类主观上一味追求自身发展而可能导致与自然不和谐的局面。

智慧的人，不管遇到什么困难和挫折，总能找到给与我们的正面启示。虽然危难到来时我们会心慌，甚至会焦虑，但要渡过难关就需要借力中华智慧完成灾难意义的转换。危机，危机，危机中链接到高维智慧，危难就能转化成机遇。回想人类过去的一次次苦难，就是在以一种特别的方式完成着自身的进化与提升。

危难之时运用中华文化的“阴阳辨证”的智慧，升级企业经营管理的理念，就能够保证我们在未来会有一个更好的发展。我们可以自问自答一下：

第一问：惊慌失措甚至抱怨的“消极负面情绪”能够解决问题吗？虽然这种情绪可以理解，但如果持续太久，那它本身就是问题，甚至是问题的加速器。你说是吗？

第二问：我们在工作时非常投入，以至于顾不上生活和家人，这次的外部强制性的局面，让我们很多人宅在家里“补课”“还账”。多少年了，我们没有跟家人这样长时间相处。由此，你想到了我们企业真正的经营目的吗？其中一条很重要的目的就是为了我们家庭的生活和幸福。你说是吗？

第三问：尽管现在疫情的原因还没有完全确定，但保护环境和减少污染、科学开发与环境优化、健康生活方式与文明习惯养成，这些都是很重要的。政府所进行的发展战略调整，尽管让一些企业感受到了压力，但我们是不是在冷静之后更能体会科学发展的必要性和政府的良苦用心呢？如果只想着自己获利，却不顾对集体和公众利益的危害，这样的企业和运营方式是不是应该改变呢？是必须要改变的吧？！

第四问： 疫情虽然影响了企业的经营，可也产生了一个"副产品"：我们被迫停下来，做一些冷静的思考，这对于长期健康发展也是一个很有意义的过程。形势好时发力发展，形势差时静心思考练内功。毫无疑问，疫情对经营的影响只是暂时的，运用中华智慧就能够读懂世间一切事件的意义，并找到正确的行动：在这种形势下，是否可以静下心来学习提升自己？自己功力长了，形势转好时我们才有功夫。是否可以组织干部员工进行总结，进而弘扬长处、克服缺点？若是忙碌起来，可能就没时间和精力去练企业的内功了。你说是吗？

灾难＋智慧＝进化。中华几千年的智慧一再告诉人们，福祸是可以转换的，面对祸能找到福，面对着以后的福也要小心风险。老子说："反者道之动，弱者道之用。"这就是中国式智慧的魅力：不管什么形势，总能找到正面的价值。并且，还能够举一反三，进而借助"灾难跳板"，完成我们每个人和企业的升级。

生活之美，不止在于物质的富有与华丽，更在于对待灾难的智慧，更在于未来的天地人的和谐与科学的创造。

借危机压力完善企业对重大危机事件的响应机制

田志龙

华中科技大学管理学院教授，博士生导师。研究领域：营销、战略管理。

在新冠肺炎疫情还将持续的几个月里，我国企业要做的一项重要工作就是，通过这几个月对疫情危机的应对，全面建立和完善企业应对重大危机事件的响应机制。

企业的这一工作将使我国企业在应对目前新冠肺炎疫情过程中提升应对重大危机事件的实战能力，同时全面提升企业管理水平。那种不站在公司可持续发展角度建立重大危机应对能力，只想着应付眼前疫情的做法都是目光短浅的。

那么，企业如何在应对好未来几个月疫情危机的同时，完善公司将来应对新重大危机的响应机制，从而提升企业管理水平呢？我提出如下三点建议。

一、评估与反思

在应对此次疫情的过程中，每个企业要全面思考如下问题：在此次新冠肺炎疫情的萌芽阶段，公司是否有警觉并开始做应对准备了？此次疫情中，公司在哪些方面陷入了被动，是如何陷入被动的？在疫情还将持续的几个月里将如何做得更好？应该如何完善应对此次疫情和未来重大事件的响应机制？

二、建立重大危机事件响应机制

只有经历多次重大危机还不死的企业才是伟大的企业。一个企业要能持续发展，除了自己的产品和服务在市场上能战胜竞争对手、赢得客户青睐外，还要能经得住政府政策变化和在重大危机事件中生存下来，比如企业要能经受住此次新冠肺炎疫情给企业造成停工停产的打击。

要顺利地渡过重大危机事件，企业需要建立和完善自身应对重大危机事件的响应机制。这里的响应机制应该包括危机前的预防和危机中的应对两个方面，其中前者是基础。

如果公司建立了重大危机事件响应机制，那么这次就应该认真检查公司的重大危机响应机制执行得如何。我建议通过回答“评估与反思”中提出的问题来检视公司的重大危机事件响应机制发挥的效果如何，并加以改进。

如果公司没有建立重大危机事件响应机制，那么此次新冠肺炎疫情应该足以促使我们着手弥补这一不足。

如何建立应对重大危机事件的响应机制呢？这主要涉及如下工作：建立制度，落实人员和责任，明确决策、协调与沟通关系等。

三、运行和完善危机事件响应机制

在新冠肺炎疫情还将持续的几个月里，我建议企业在已经建立和即将建立的危机事件响应机制基础上，做好应对工作，并在这个过程中对公司的危机事件响应机制进行完善。我从如下四个方面做详细说明。

第一，落实人员和职责。公司要安排特定的部门或人员，他们全部或部分职责与危机防范及应对相关的情报收集整理、分析建议及其传递相关。他们的工作包括：辨别本公司总部和分子公司、生产工厂、上游供应商、下游顾客（包括顾客的顾客）、合作商、竞争对手等，并将这些组织的情况及其所在地的政治、经济、社会等情况纳入关注范围，重点检查正在发生和可能发生的哪些事情在未来一定时间会给本公司的生产经营带来不确定性，会如何影响到本公司的生产经营活动的哪些方面，以及本公司应该如何提前做好准备。

具体地讲，在这次新冠肺炎疫情期间，公司相关人员要收集中央政府部门和公司的内外相关机构所在地政府发布的疫情信息，政府对人流、物流和信息流的管制举措及其执行情况，政府给企业应对疫情的支持政策与举措，一些专业机构发布的与疫情相关的权威信息，本公司员工及其家属的情况，从而为公司应对疫情、准备好部分或全部恢复生产等提供决策依据和建议。

第二，建立广泛的社会关联。公司高管人员和相关人员要建立和维护与社会的广泛关联，使公司能够掌握一些重大事件发展初期的蛛丝马迹以及事件进展信息。例如，梳理和更新公司的各方利益相关者的关键管理人员的信息，如政府部门官员及行政人员，客户、渠道商、供应商、竞争对手、合作商等的管理人员的信息；行业协会、行业专家的信息，并与他们保持沟通。

第三，完善危机响应机制。就像前面讲的，危机响应机制的第一要务是增强企业应对危机的免疫力，第二才是危机管理。公司应对危机的免疫力体现在运营健康和经营前瞻两个方面。运营健康是指企业在负债率、应收款、现金流等方面以及运营机制上处于比较健康的状态；经营前瞻是指企业处理好研发的内外平衡，并在供应商、渠道和市场布局上有战略性，不能只靠一点、一方或一处。我国企业一定要通过此次新冠肺炎疫情危机提升应对类似危机的免疫力。

企业的危机管理能力体现为信息的收集、分析、传递、分享、建议和决策机制，并在事件的初期、中期和后期做好准备、应对和善后工作，使每一步能走在同行的前面。

在此次疫情持续的未来几个月里，企业要有计划地做好利益相关者沟通，特别是取得股东、政府、员工、客户、供应商、银行的支持和社会的理解。公司要对危机管理的各个方面进行测试、优化和改进，同时要对每项工作及其过程建立好档案并做好档案管理，为公司在将来应对新的重大危机事件提供参考和培训资料，从而提升公司的总体管理水平。

新冠肺炎疫情必将引发企业学习的七个变革趋势

高　松　　华东理工大学教授，中国行动学习研究中心主任。研究领域：行动学习、市场营销。

新冠肺炎疫情之下，对企业培训与学习行业影响巨大。这可不是蝴蝶翅膀引发的飓风，新冠肺炎疫情本身就是飓风，它将深刻影响全球政治、经济、社会环境，彻底改变企业学习所处的环境。这个影响不是短暂的与波动的，而是长远的与趋势性的。再过若干年之后看 2020 年，就会发现这是一个历史性的拐点。对于企业学习界来说，明确这个拐点指向何方，对我们的意义是什么，就显得尤其重要。

一、在线学习习惯的养成将加速数字化学习的进化

新冠肺炎疫情下，大规模线下学习必将短期取消。在线学习会迎来发展机遇。

然而，当大多数企业将内容匆忙搬到线上，将所有希望寄托于在线学习时，就会遭遇现实的困境。单纯依靠线上直播与微课，互动及效果都不好，学员参与度不高，没有学习成果。

新的形势下，企业数字化学习必将迅速进化升级。

企业数字化学习将从单向传输向互动共创转变，从知识传输向知识创造转变，从线上线下两张皮向线上线下一体化转变，从自上而下的统一学习向自下而上的数据驱动的个性化学习转变。

二、一切装模作样的企业学习都将烟消云散

新冠肺炎疫情对中国经济的冲击是巨大的，旅游、零售、餐饮等行业受到直接冲击，企业经营压力巨大，严冬已至。活下去，成为企业经营的主要方针。

在这样的形势下，企业学习将遭受最严峻的考验。一切装模作样、不产生实际效果的企业培训必将被抛弃，相关的培训预算一定会被压缩甚至取消。

另外，直接支撑业务的企业学习不仅能够存活，还会蓬勃发展。当外部环境恶劣，外延式增长已经成为过去，那么苦练内功，内涵式增长就是必选项。于是，直接支撑业务改

善的企业学习方法论就成为企业经营关注的热点。

能否取得看得见的商业成果必将成为评估企业学习价值的核心标准。

三、企业学习的价值定位将从“个体发展”升维为“组织赋能”

长期以来，企业学习被放在人力资源HR板块下，作为选、育、用、留的一个环节，被视为企业人才发展的手段。

此次疫情彻底暴露了企业学习传统价值定位的不足。事实上，企业学习的本质是组织学习，其根本任务是帮助企业建立学习型组织，在动荡变化的环境中自我变革、敏捷进化。

于是，企业学习的价值定位就应当是赋能组织，在组织能力建设、文化落地、组织心智升级、业务创新变革、生态战略构建等方面，助力组织实现目标。

人才发展应当是企业学习的一部分职能，个体发展应当在组织目标的达成过程中完成。

企业学习的价值定位将从“个体发展”升维为“组织赋能”。

四、支撑战略业务的动态企业学习体系成为未来

传统企业培训是建立在岗位与人才发展基础上的，是适合稳定环境的静态的学习体系。此次疫情体现了企业环境的巨大不确定性。在这只“黑天鹅”的冲击下，企业经营战略、组织架构都会动态调整，传统企业学习体系就像是沙中之塔

瞬间崩塌。

在企业学习价值重新定位，以及直接支撑业务的需求双重趋势下，企业学习的顶层需要重新设计。

在这种形势下，直接支撑企业战略与业务的全新学习体系需要创造性构建。这样的学习体系将从企业战略与业务出发，关注关键岗位的关键任务，它随着环境变化与战略调整而动态发展，以帮助企业应对环境的最新挑战。

五、学习效能大于工作效能

疫情之下，时间是最宝贵的资源。企业学习的有效性需要大幅提升。学员在单位时间的学习效能，是企业学习亟须提升的关键指标。

这里学习效能是指学员单位时间的收获，包括学员问题的解决，知识的掌握，能力的提升与新知的产出等。只有学习效能大于单位时间学员工作效能，学员才愿意主动参加学习，学习才能彰显真正的价值。

因此，学习效能 > 工作效能，是企业学习设计者必须追求的目标。

显然，以目前的技术手段，单单线上学习是无法达成上述目标的。将线上线下有机融合，充分发挥两者优势，形成闭环，才是提升学习效能的正确道路。

六、企业学习应成为组织新知的创造引擎

近年来，基于企业特定应用场景的知识萃取成为一股潮

流。然而，问题是产出的内容良莠不齐，如知识碎片化，缺乏系统，知识是过去的经验，难以应用于当下及未来问题的解决等。

企业学习专家应当意识到知识管理需要升级。发展方向是主题化、系统化及新知导向。基于企业战略业务问题，打破组织内外的界限，构建员工与外部客户、专家之间的共创生态与机制，从而形成持续产出新知的知识体系。

从单纯对过去经验的知识萃取，到面向未来共创新知，形成持续更新的知识体系是企业学习未来的重要任务。

七、从管理到赋能，将学习主动权还给学员

与传统组织管理模式相一致，传统培训也是自上而下的管理模式。培训部门是企业培训的管理机关，负责定义培训的内容、师资、学员及目标，员工学什么、怎么学、向谁学以及什么时候学，都是培训部门决定的。学员的被动本质决定了学习效果的低下。

改变的关键在于从管理到赋能，顺应学习的规律，将学习的主动权还给学员。对于新时代的学员来说，他们是网络原住民，更加适应主动学习方式，也只有主动学习才能取得最佳的学习效果。

因此，企业学习部门应当扮演赋能学习领导者的角色，创造企业学习的文化土壤，提供学习资源，建立学习的机制，让员工自发主动地学习。在AI及大数据发展条件下，为员工提供数据驱动的个性化学习服务。

“乌卡时代”企业家能力提升

贾旭东

兰州大学管理学院教授，“中国管理50人”成员。研究领域：企业组织与战略、传统文化与企业管理。

当今世界已经进入“乌卡时代”，“乌卡”是“ VUCA”的音译，“ VUCA”是四个英文单词首字母的组合：volatility（易变性、不稳定性）、uncertainty（不确定性）、complexity（复杂性）、ambiguity（模糊性）。“乌卡时代”是多变易变的时代，是充满着不确定性的时代，是必须面对复杂性和模糊性的时代。刚刚进入21世纪第三个10年，中东乱局、英国脱欧等“黑天鹅”就一只只地飞出，而其中最大的一只，就是我国突如其来的新冠肺言疫情。这就是“乌卡时代”的特点，重大危机事件的发生往往突如其来、难以预料，这将成为一种常态。短时期内，疫情必然会对我国一些企业尤其是中小企业的经营产生重大影响，特别是旅游、餐饮、酒店、零售等行业中的企业。

面对看似难治的新病毒，中医已经产生了显著的疗效，早期的一些重症患者都已经在以中医为主的中西医结合模式诊疗下康复出院，而中医治疗疾病的核心理念就是“扶正祛邪”——只有“正气存内”，才能“邪不可干”，战胜病毒最终靠的是人体自身的免疫力，任何外来的药物和医学干涉都只是辅助因素。企业经营其实也是如此，在“乌卡时代”的经营环境中，以往管理理论中基于稳定环境假设的线性思维模式已经失效，也没有什么数学模型可以完全准确地预测未来，这更加凸显了企业内部因素与企业家个人能力的重要性。如果自身资源能力不足，迟早会因难以适应“乌卡时代”复杂多变的环境而被淘汰。

所以，不论是应对当前的疫情，还是未雨绸缪，让企业在“乌卡时代”获得长期健康发展，提升企业家能力都是最重要和核心的应对之策。企业家必须学会“与狼共舞”，学习面对和处理危机事件并从中获得成长与提升。没有经过危机的企业是不成熟的，而且，危中有机，应对危机事件也是企业家提高自身经营管理能力的好机会。在应对疫情的战役中，企业领导者应着力培养和提升以下三种能力。

一、定力

面对疫情，你的客户、员工、合作伙伴都可能会担心、焦虑甚至恐慌，被各种难辨真假的消息困扰，难以安心开展工作。作为企业领导者，此时最需要的就是保持定力，即镇定、冷静、理性地面对危机，处理问题，"泰山崩于前而色不变，麋鹿兴于左而目不瞬"。要临危不乱，果断应对疫情带来的生产经营困难和纷繁复杂的局面，处理好抗击疫情和恢复企业生产经营的复杂决策，根据行业性质、经营特点、所在地区、政府政策和受疫情影响的程度，选择适当的方式，沉着应对。古人云，"为将之道，当先治心"。领导有定力，员工才安心，团队才会有战斗力，疫情对企业的不利影响才能降到最低。

二、领导力

"将帅无能，累死三军"，危机事件是考验企业家领导力的关键时刻，也是提高领导力的绝佳机会。企业家既要关心疫情的发展动态，做好企业内部的疫情防控工作，又要理性评估疫情在当前和未来对企业的各种影响，采取积极的应对措施。企业家必须深刻认识到，企业要能够在危机事件的不利影响下继续生存发展，离不开所有员工的团结努力，"上下同欲者胜"！面对此次疫情，员工的健康就是生产力和战斗力，只有保证员工健康，才能最终战胜疫情并推动企业发展。因此，作为企业领导人，既要为企业生存与发展负责，更要对员工的生命安全和健康负责，要主动关心员工及其家人的身心健康，在防疫的同时做好员工的心理疏导，帮助员工正确面对疫情，处理好防控疫情和开展工作的关系。

同时，危机事件也是展示企业家个人魅力的关键时刻。企业的发展离不开利益相关者的支持，如客户、股东、供应商、合作伙伴等，面对疫情，企业家要与客户、供应商和合作伙伴积极沟通，妥善安排好交货、复工、合作等工作事宜。企业面临的困难，要和利益相关者坦诚以对，得到各方的理解和支持，共同找到满意的解决方案，把彼此的损失都降到最低。面对危机，人们需要守望相助，但“得道多助，失道寡助”，你对人是真情实意还是虚情假意，危机事件是一面镜子。在危机事件中能够处理好与利益相关者关系的企业，必然更容易得到他人的信任，在危机事件后就将获得更多的发展资源和空间。

三、应变力

此次新冠肺炎疫情的突然爆发，既让很多人的春节长假游泡了汤，也打乱了很多企业的经营计划，这就是“乌卡时代”多变易变的特点：唯一不变的就是变化。企业家首先要从内心深处坦然接受和理解这种环境特征，环境的复杂多变是正常现象。如果企业难以有效应变，那么说明企业和企业家自身缺乏应对变化的能力，不是环境有问题而是自己有问题，即便没有这次疫情带来的危机，企业还有可能在将来的某个突发事件影响下陷入困境。因此，企业家要积极提高自己的应变能力，学会主动有效应变。这更要求企业家平时重视危机管理工作，在正常经营时就做好各种危机预案，准备好处理危机事件的各种资源，保持组织机构的灵活和柔性，以便在出现危机事件时能够从容应对。如果此次疫情暴露了企业在这方面工作的短板，那么就要“亡羊补牢”，在应对疫情的同时，建立、完善企业的危机管理体系与机制，强化、优化企业应对危机的各项措施，培训、提高企业员工的危机应对能力，为有效应对下一次危机做好充分准备。

病魔固然来势汹汹，但在全国人民万众一心的阻击下，疫情必将消退，虽不可避免地对经济产生短期负面影响，但不会改变中国经济长期向好的势头。只要企业沉着冷静，正确应对，上下同心，练好内功，就必将转危为机，迎来“柳暗花明”的发展新机遇。

对策篇

凤凰涅槃

——危机面前中小企业的出路

席西民

西安交通大学管理学教授、博士生导师，西交利物浦大学执行校长，英国利物浦大学副校长，陕西MBA学院常务副院长。于1987年创立了和谐理论，并将其扩展成和谐管理理论。主要研究领域：战略管理及政策分析、决策与决策支持系统、管理行为与领导理论等。

“疫情面前，中小企业老板们要集体失眠了”的说法在互联网上蹿热。与疫情相似，病毒袭来，幼小和脆弱者容易中招。中小企业往往实力不足、资源匮乏、人才紧缺、经验有限、市场不稳固、资金紧张且融资渠道不畅，常使资金、人才、资源等绷得很紧，运行捉襟见肘。正常时期，中小企业家都需战战兢兢、如履薄冰，疫情袭来，市场、资金、人才、成本等集中式恶化，会使缺乏鲁棒性和回旋空间，本来就疲于奔命的中小企业雪上加霜，不少可能熬不过疫情的寒冬。

直面挑战，很容易提出一些建议，如与员工齐心协力共渡难关、保卫现金流跑赢竞争、围绕客户价值增强在线业务、趁机创新以升级商业模式、调整战略以控制风险、强化管理提高效率等。诚然，这些建议是美好的，但对处于危机中的企业来说，处境是残酷的，因资源和条件限制，往往很难有效实施。

好消息是，有责任和担当的政府及时出手，如苏州市政府首先迅速出台了应对疫情、支持中小企业共渡难关的10条政策意见，包括金融支持、稳定职工和减少负担三大方面，因其切合实际而有针对性受到广泛好评。现在从中央到地方都纷纷发布支持中小企业渡过难关的各种政策和措施，学者、行业协会和组织也纷纷发声，献计献策。

坦率地讲，疫情或类似的危机是企业领导力的试金石，它不仅检验企业家应对危机的能力，也在考核其对企业发展的布局。有战略眼光和长远思考的企业家，一定会从商业模式、资源的柔性、发展的可持续性上有较好安排，从而利于在危机来临时轻松应对，甚或能够非常机敏地抓住危机带来的契机，赢得更大的发展。而那些本来就岌岌可危的中小企业，即使没有危机，也难以继续生存，危机只不过加快了其被淘汰的速度。但对于那些有发展空间但因种种原因在苦苦挣扎的企业来说，疫情爆发就是雪上加霜，此时既需自身调整和努力，更需要各方施以援手。对于那些被疫情正面冲击的行业，如餐饮、零售等服务性企业，一定要分清哪些冲击是暂时的，疫情过后会恢复；哪些是商业模式导致的，即使疫情过去，也很难有所发展；特别应关注，因疫情诱发的许多新的商业模式的涌现，如网络教育对小型培训机构的冲击、更强大的网上零售和无缝链接的配送服务会挤压很多小型商业的空间、网络办公和远程虚拟协作会威胁小型酒店和相关服务企业等，这种商业模式的重塑可能使很多中小企业永远失去了生存空间。

危急关头，当然真心希望更多的地方政府快速出手，施援面临危难的中小企业，帮它们迈过疫情这个坎。但更希望企业家在危机面前，准确判断，果断、智慧前行，反思、学习和不断升级自己及企业！具体讲，有以下建议：

（1）政府在制定各种政策时不要只是根据自己手中的权力和资源思考支持措施，而应换位思考，加强与中小企业的沟通，甚至请中小企业家、商会提出要求，分门别类地制定更有针对性、更救急的支持措施和政策。

（2）中小企业家一定要清醒，认准自己的问题，人常说，退潮时会发现谁没穿底裤。危机中最容易发现问题，客观准确地判断问题的性质，是渡过难关的基础。所以要审慎和有远见地判断问题的性质，是本来就没有发展空间的固有问题，还是因疫情市场暂时停摆的临时性问题，或是平时积累的管理问题如资金链、人力资源、内部管理效率在危机面前的释放，更重要的是要预见到危机过后因商业模式和行业结构调整带来压力。对于第一种问题，需要痛定思痛，早日放手为好，不要再浪费可用于重新创业的有限资源去处理这些不可救药的问题；对于第二种问题，利用援手，与员工一道，齐心协力，共渡难关，甚或通过联盟、重组抱团取暖，利用创新增效提力，一方面帮企业应对挑战，另一方面促进企业升级；对于第三种问题，企业确实需要借助危机的压力动手术，如改进管理、压缩成本、舍弃没有未来的业务、消除冗员等，常态下企业变革会遇到巨大阻力或没有动力解决那些早该处理的问题，但在危机面前，已经没有退路，置之死地而后生，并设法借助外部援手，使企业从战略和管理上真正提升，实现凤凰涅槃；对于最后一种问题，危机中往往不够明显，商业模式转型、行业结构调整的后果常是危机后逐步显现，需要前瞻和果毅，如果不够敏锐，即使渡过危机，也会在疫情过后重陷危机。

（3）对于企业家来说，疫情不仅是试金石，也是磨刀石。有抱负和远见、善于学习的企业家，危机会淬炼他们的领导力，帮他们站得更高。人常说，暴雨过后必见彩虹，优秀的企业家会敏锐地把握危机诱发的契机，以新姿态、新模式引领未来。所以建议中小企业家保持自己的探索精神和灵活性，做预见彩虹的先行者，而不是凑热闹的看客。

（4）迎难而上，发挥企业家精神，敢于突破和创新。企业发展离不开企业家和管理者，换句话说，领导和管理是发展这枚硬币的两面。危机中，领导角色会更加凸显，也就是说企业家精神的作用和价值更为关键。很遗憾，同时拥有领导与管理才能的中小企业家很有限，大部分只拥有一个侧面或二者都不强。所以，面对危机，中小企业家应关注自己企业家精神的释放和磨炼，如果缺乏管理能力，可以通过团队合作补充之，但如果领导力和企业家精神都缺失，即使没有危机，恐怕也难以应对长远发展的挑战。

疫情防控的同时，还要打一场保护中小企业的防控战

陈春花

北京大学王宽诚讲席教授，国家发展研究院BiMBA院长。研究领域：数字化时代组织管理创新研究、中国领先企业研究。

连日来，新冠肺炎疫情防控战牵动着每一个人，为了疫情防控，需要避免大规模人口流动和聚集，由此也出台了一系列措施，企业复工日期推迟、停工停产，制造业、房地产、基础建设投资短期内基本停滞，餐饮、旅游、电影、交通运输等行业受到巨大的冲击。

2020年1月31日，世界卫生组织（WHO）将新冠肺炎疫情列为“国际关注的突发公共卫生事件”（PHEIC）。世卫组织强调，这不是因为对中国没有信心，而是担心病毒可能会传播至医疗设施较弱的国家。同时，世卫组织强调不建议实

施旅行和贸易限制。但是随之而来的是，一些国家已经采取对中国公民入境的相关限制措施，以及取消了与中国一些城市的交通往来。虽然我们还不能评估“国际关注的突发公共卫生事件”会在全球范围内对中国经济产生多大的影响，但是需要做好打一场硬仗的准备。

在这样的现实面前，在关注疫情防控的同时，我也担心中小企业如何渡过这个寒冬。按照恒大研究院的报告：“简单估算，电影票房70亿元（市场预测）+餐饮零售5 000亿元（假设腰斩）+旅游市场5 000亿元（完全冻结），短短七天，仅这三个行业直接经济损失就超过一万亿元。”由此我们可以想象，这次疫情对中小企业的影响有多大。

虽然2019年努力调整，到年底很多中小企业应该说也只是“弱企稳”，自身的基础还很薄弱，大家都没有想到2020年开年，新冠肺炎疫情来袭，无论是心理上还是策略上都没有任何准备，尤其是现金储备不足，在目前疫情防控时期，我更担心一些中小企业的现金流断裂。

所以，我才建议在打疫情防控战的同时，还要打另一场防控战，就是防控中小企业倒闭，这不仅仅会影响到人民群众的日常生活，还会引起失业增加，带来社会问题。

这场保护中小企业的防控战，需要政府和中小企业一起发力，在特殊时期，政府要发挥主体作用，出台相应的政策和措施，帮助中小企业渡过难关，保持中小企业群体发展的稳定性，从而为恢复经济增长和社会稳定奠定坚实的基础。

2002年11月至2003年6月，非典期间，国家财政政策方面，主要通过财政减免、补助补贴、国债支持三类措施支援抗击非典。而在货币政策方面，总体保持稳健，维持流动性合理充裕，通过适当信贷倾斜等方式支援抗击非典的工作。

我不做宏观研究，但是因为与企业在一起工作的时间长，也了解企业的真实需求，所以试着从企业的角度去看所需扶持政策的内容，同时也借鉴一些宏观经济研究专家的意见，提出有关“另类防控战”的一些想法，供政府决策部门参考，也供企业决策者参考。

借鉴 2003 年抗击非典的经验，国家需要及时推出相应的阻击疫情政策，一方面应该加大与疫情相关的投入，包括科学研究、医疗救治、疫情防控物资，更需要加大对一线医护人员的补助。

另一方面需要加大减税和帮扶中小企业的政策力度。适当减免受疫情影响严重的行业的增值税，降低相关的所得税。给予受疫情影响行业财政补贴。兼顾企业和员工的利益，落实员工带薪休假制度，同时，延长假期及推迟复工期间的薪酬支付由企业合理安排而非强制执行，减少企业因负担过重而复工后加大裁员的现象出现，减免费用，降低企业的负担。加大对参与捐赠的企业和个人的所得税抵扣，鼓励社会捐赠。对于企业而言，可以考虑给予特殊时期还本付息延期支持，探讨如何在贷款、金融等相关领域给予支持和帮助。

再者，如何尽快恢复生活物资的供应，如何平衡疫情防控和经济与生活的恢复，是一个系统工程，也需要政府多维度地开展工作。

对中小企业而言，在疫情当下，应挑战极限式降低成本，内部挖潜，建立内部共识，与员工达成命运共同体，协同员工一起共渡难关。

让我们一起打赢这两场防控战。

疫情危机与中小企业发展

吴照云

江西财经大学教授，博士生导师，曾任江西财经大学副校长。现任江西省管理学会会长。

新年伊始，新冠肺炎疫情对中国的各行各业都产生了或大或小的影响，对以线下产能为主的中小型企业打击更甚，揭示了在环境不确定性与极端事件面前，企业的抗风险能力成为企业持续经营和成长发展的重要命题。

疫情期间，建议中小企业做好以下两点：

（1）企业经销的电商化与网络平台化。非典时期，诸多民众亦是闭门不出，只能通过网络来购物，使我国电商行业迎来了高速发展时期：2003 年阿里巴巴旗下的交易网站淘宝网与第三方支付平台支付宝上线，2004 年京东线上商城上线。当前疑似病例14天及以上的隔离期、全国各地严格的疫情管控措施在一定程度上改变着民众的购物、生活习惯，呼唤着足不出户选商品、送货上门等服务。

（2）企业管理的在线化与弹性化。疫情控制客观上要求延长假期、推迟上班时间，宜针对特定岗位与特定情况开展居家办公、电话会议、视频沟通等灵活的管理方式，并就远程协作和各项工作做好相应的云追踪。

疫情过后，应重点关注以下产业的复苏：

（1）旅游业、餐饮业、交通业、零售业等。春节是国人旅游探亲的重要时点，而今年因为疫情，不少的旅游计划、家庭聚会、朋友聚餐都取消了，一旦疫情得到全面控制，接下来的“五一”“十一”黄金周假期，旅游出行、走亲访友及其中的礼尚往来，会带来旅游、餐饮、交通、零售的需求大幅增长。

（2）保险业、康体业等。在疾病面前，人类的力量非常渺小，且疫情爆发后，针对性的疫苗与特效药的产出需要时间，后续康复的费用也是未知数；而新型冠状病毒对不同人感染力度的差异性表明，提升人体免疫力、增强国民身体素质至关重要，因此保险、康体会越发受到重视。

（3）医疗相关产业。本次疫情对医疗相关行业的冲击最为明显，如民众防范意识缺乏、医疗物资短缺、产能不足等，可见对于类似的具有部分公共产品性质的商品生产，完全由市场供应难以应对突发的大规模事件。国家应该从战略防御层面引导、扶持相关中小企业的生产经营，加强具有公共产品性质的商品的战略储备。

从长远来看，此次重大疫情将会推动中小企业适应不确定性环境下的管理变革，催生新的发展理念。可以说，危机的背面就是机遇，涅槃后就会重生。从中小企业持续经营和成长发展的角度，我提出以下几点建议：

（1）提升应对不确定性风险的掌控能力，加强不确定性环境及极端事件下的企业战略管理研究。突如其来的疫情再次证明了未来世界具有不确定性的一面。中小企业要适应不确定性环境下的企业经营，学习研判不确定性环境下的行业机会和产业走势；尤其要结合云计算、5G、大数据、物联网、移动互联网、人工智能、区块链等新技术所带来的管理变革与机会，思考极端情况下如何构建企业发展的风险防范机制。面临社会突发重大事件，中小企业家要善于化危为机，在保障企业和员工安全的前提下，抓住时机以实际行动践行企业持续经营和成长发展的理念、使命和宗旨。

（2）企业在谋求自身发展的同时，应体现良善经营的品质，承担尽可能多的社会责任。从企业自身发展来看，体现社会公平和社会责任的企业经营有利于在能力上、道德上和认知上获得合理性地位和社会资源，会更易于为社会所接受和更易于获得支持，从而获得社会认可，传播企业美誉。因此，致力于长久发展的中小企业可以通过优良的品质、善意的公民行为和良好的创业者形象来获得消费者对其正直、诚实与真诚的认可和信任，从而塑造企业品牌的良好道德形象。有远大志向的企业管理者一定会在危机与挑战的环境中寻找企业发展的机会，他们善于用自己的真心和诚意去关心他人、服务社会，甚至为了国家和人民的利益，牺牲自己的利益。从因果规律来看，积累比金钱、利润更具价值的东西——顾客的信任、社会的认可、员工的忠诚、人类的真善美，这种社会责任的付出一定能获得回报。

（3）树立“生态文明”的企业价值观，促进人与自然和谐发展。“生态文明建设”已纳入党和国家的重要文件，“文明”也纳入核心价值观的范畴。生态文明的实质是人与自然的和谐发展。大多数专家认为，此次疫情爆发的原因就是从吃野生动物的野蛮陋习中招致的大自然报复。稻盛和夫在创办和经营企业时，提出了“敬天爱人”的理念，明确企业“在追求全体员工物质和精神两方面幸福的同时，也要为人类社会的进步发展做贡献”。天人合一，实质是人与宇宙中的多物种、多层次生命和谐共处。建议有担当的企业家在确定企业发展使命、宗旨的顶层设计中体现围绕顾客利益、生态文明和人类进步的理念；呼吁有条件的中小企业联合设立“绿色发展基金”，以实际行动践行“生态文明”价值观。企业全体员工和全国人民应从我做起，从小事做起，从身边做起，成为“生态文明”价值观的践行者和展示者。

疫情攻坚，既是国家尊严，也是民生大计。愿天佑中华，你我共跨这新年难关。我们坚信：这场全民战争，胜利必将属于我们！

新冠肺炎疫情下政府对中小企业的扶持应精准施策

汪寿阳

中国科学院预测科学研究中心主任、首席经济学家，发展中国家科学院院士。研究领域：经济分析与预测、供应链工程、风险管理。

新冠肺炎疫情自 2019 年 12 月于武汉爆发以来，在全国 31 个省（区、市）快速蔓延，截至 2020 年 2 月 16 日 24 时，全国已有确诊病例 68 594 例，疑似病例 8 228 例，累计死亡病例 1 667 例。随着疫情的发展，北京时间 2020 年 1 月 31 日凌晨，世界卫生组织（WHO）宣布将其列为“国际关注的突发公共卫生事件”（PHEIC），包括美国在内的多个国家和地区对我国实行了暂时取消来往航班、一定期限内限制中国人入境等措施。当前，疫情防控形势仍然十分严峻，短期内对我国经济造成了较为严重的影响。为应对突如其来的疫情，中共中央1月25日和2月4日连续两次召开政治局常委会会议，就打赢抗击新冠肺炎疫情战役和经济社会发展战役进行周密部署。

疫情防控取得了阶段性胜利，但疫情对中国经济的负面冲击也凸显出来，尤其体现在餐饮、旅游、交通等服务行业以及众多中小企业。春节本来是消费旺季，但大量企业却面临着无法开工带来的用工、房租、工资、存货以及贷款等巨大压力。由于中小企业本身规模小、抗风险能力弱，获取金融资源有限，在疫情负面冲击下，一大批中小企业的生存与发展状况堪忧。清华大学朱武祥教授小组在疫情期间针对约700个中小企业进行了调查，一半以上的被调查企业营业收入下降了接近1/3，更为严重的是，能够以自有资金维持经营三个月以上的中小企业不超过10%！

中小企业在我国经济体系中具有至关重要的作用，据国家统计局最新发布的“第四次全国经济普查”系列报告统计，截至2018年末，全国共有中小微企业1 807万家，占全部规模企业法人单位的99.8%，吸纳就业人员23 300.4万人，占全部企业就业人员的79.4%，全年营业收入达到188.2万亿元，占全部企业全年营业收入的68.2%。而根据海关总署最新发布的数据，以中小企业为主的民营企业，在外贸出口贸易比重中达到50.6%。可以说“六稳”（稳就业、稳金融、稳外贸、稳外资、稳投资、稳预期）工作的关键在于稳定中小企业的生存与发展。此外，中小企业代表的是广大创业者的利益，其大面积倒闭将严重打击近年来我国创新创业政策实施以来的经济转型良好势头。因此，政府快速推出强有力的中小企业扶持政策十分必要、非常紧迫。

为应对突发事件对中小企业的负面冲击，海外的一些成功经验可为我们借鉴。例如，为应对2008年金融危机的冲击，美国、英国、日本等国专门制定了针对中小企业的亏损弥补救助计划，允许中小企业的营业亏损向前弥补或退税。此外，不少国家还赋予中小企业更多自主权来选择纳税方式，并加大研发扣除、折旧等优惠政策的实施力度。

此次疫情对中小企业的冲击影响最大的是企业财务流动性，造成严峻的短期资金链压力。因此，多个地方政府纷纷从金融信贷、税负减免、稳岗就业等方面推出支持政策，例如苏州在全国率先推出“惠企十条”，上海切实为中小企业直接减负超127亿元，宁波也出台“18条”措施帮扶中小企业渡难关。第一轮扶持政策围绕中小企业面临的现实困难，为中小企业应对危机提供了初步支持。然而，要助力中小企业真正转危为机，还需要实施更多精准高效的扶持政策。对此，我们提出以下建议：

（1）加强科学分析，准确识别风险点，重点关注中小企业的生产和经营，采取多种措施切实降低企业的融资成本，稳定人员队伍，避免企业因资金链断裂而倒闭。

（2）做到精准施策，对疫情期间受影响严重的地区以及交通运输、旅游、餐饮等行业的中小企业实行定向的税收减免措施，以部分抵扣其亏损额度，保证其后续发展。针对受冲击严重的生产和外贸型中小企业，出台有效应急政策，包括减免租金、减税降费、放松贸易信贷等。

（3）有效解决货币政策传导不畅的问题，提高金融扶持的精准性，政府相关部门应明确指导商业银行制定并落实定向支持中小企业的相关计划。

（4）进一步推进信息公开，有效传达政府经济政策的意图，做到信息透明，并接受舆论监督，更好地引导市场预期和中小企业的信心。

（5）推进经济社会系统基础设施和制度体系的建设与完善，为中小企业长远健康发展提供良好的社会环境与公共资源平台等。

对中小企业应对突发疫情的几点建议

李新春

中山大学管理学院原院长，教授、博士生导师。中国管理现代化研究会创业与中小企业专业委员会副会长。

中小企业是我国吸纳就业和社会经济稳定发展的重要主体，其数量巨大、影响面广、抵御风险能力差，是这次新冠肺炎突发疫情影响最大和最快波及的企业群体，如何应对这次疫情呢？

中小企业除了需要争取得到政府的援助政策外（如减税、缓交社保、财政补贴等，如苏州市 2 月 2 日出台的政策、广东省 2 月 6 日推出的应对疫情支持企业复工复产 20 条），每个企业必须积极行动起来，在短期内，尽快建立应对疫情的制度和政策，以求自救和抵御风险。具体建议如下：

（1）建立企业的应急管理组织和动员能力。面对疫情，首先需要建立统一计划和协调机制，应尽早设立由老板直接牵头的“企业应对疫情领导小组”，将企业生产、营销、财务、采购、人力资源等部门的负责人纳入领导小组，集体讨论，制定应对疫情的政策和措施。下设专门的办公室，由一位副总牵头并有专职或兼职人员在危机时期负责收集信息、企业疫情安全保障、推进落实领导小组的政策措施，以及与政府有关部门对接以争取政策性援助等。企业上下全员动员，同心协力，向员工和客户、供应商等发出信号，积极沟通，坚定战胜疫情的信心。

（2）对疫情做好较充分的准备，排除一切困难战胜疫情，争取早日复工复产。联系和关照好每个员工，争取每个员工的支持。做好返工和在家工作两种弹性工作制度，对返工的员工做好防疫安全保障措施。积极通过员工的推荐，以及网上招聘等方式，尽早招聘落实用工。

（3）与客户、供应商和物流渠道做好充分沟通，相互支持，尽一切努力落实订单和发货，将损失降到最低。

（4）积极寻求地方政府和有关机构，包括金融机构的支持，联合行业协会或其他有关企业进行协作或相互支持，共克时艰。

（5）通过产品、服务和商业模式的创新变革寻求突破。在疫情的危机时期，既存在着风险和困难，也蕴含着巨大的机会改变市场竞争格局。2003年非典时期，在中关村租柜台售卖刻录机和光碟的刘强东改变方式，直接从网上发货，由此走向全国市场，才有了后来的京东商城；而阿里巴巴在非典时因为有员工感染非典，企业大楼被封闭隔离，马云迅速调整工作方式，让员工在家隔离和网上办公，企业业绩在这期间不降反升，实现了逆市增长。这些都是中小企业在突发疫情面前创新而寻求突破的成功典范，这次新冠肺炎疫情的危害比 2003 年非典更为严重，也要求企业做出更大的努力来创新和变革。而现在的互联网、平台经济、智能化发展为中小企业创新发展提供了更好的机会，可以预计，在这次疫情之后，很多产业和市场会发生一些根本性的变化，疫情和创新将重新塑造我们的商业格局。

面对严重疫情，中小微企业怎么办？

吴晓波

浙江大学教授，浙江大学社会科学学部主任，教育部长江学者特聘教授，浙江大学管理学院前院长。研究领域：技术创新与竞争战略、全球化制造管理、信息技术与管理变革。

随着疫情的发展，基本环境情况已经从不确定性转向日渐清晰。相应的对策亦从不计成本的应急走向更理性的基于经济性评价的考虑。其对经济的影响比预想的要严重而持久。如何复工，如何在复工中可持续地开展业务，已经成为全社会关注的重要问题。其中，受疫情影响最大的广大中小微企业的复工并走出阴影，至关重要。中小企业在中国占企业总数的90%以上，雇佣了近80%以上的劳动力。可以说，能否让中小微企业渡过难关，在另一方面决定了抗击疫情的成败！

面对严重困难，怨天尤人没有用，自强奋斗是正道。首先，对此次疫情所带来的冲击要有理性的客观认识：这是一场由非经济因素突发重大事件所引致的经济困难。与以往企业经营不善或产业重大危机所导致的经济危机有质的区别。它影响到的是整个国家和所有的企业。大家都在“一条船上”，而非以往单个企业或金融危机下所面临的传统危机。因此，它并没有也不可能打断原有的经济产业链和供求关系链，从中长期看势将回归正常的运行。例如，中国的消费升级的趋势并不会因此而中断。广大中小微企业，尤其是服务业企业，大多面向终端消费者，与人民生活息息相关，是社会生活的最基础细胞，其活跃程度代表了整个社会的繁荣程度。也正因为如此，各级政府与全社会都给予了极大的关注。企业家们没有任何理由悲观和失望。近期，各级政府纷纷出台鼓励支持政策，即说明了这一点。但是，中小微企业家们并不能把自身困难的克服完全放到对政府政策的期待上，而是更应该练好内功，通过自己的努力和韧性来摆脱困境，甚至化危为机，赢得新的竞争优势。

艰难时刻方显英雄本色！这次疫情是全民族共同面对的极限情况，咬咬牙，熬过去就是胜利！建议广大的中小企业近期着力做好以下几点：

（1）极限压缩现金支出。由于疫情而使得众多中小微企业普遍收入锐减，而开支却难以降低，人工和原材料成本甚至还会有一定程度的上升，用常规的经济手段和思维根本无法扭亏为盈。极端情况，当用极端手段。企业家与员工是生死与共的利益共同体，全力压缩开支是管理的基本手段，透明收支、主动沟通、压力共担是企业家与员工团结一致共渡难关的基本途径。

（2）极度挖掘供应链韧性。中小微企业的供应链大多并不长，熟人经济是常态。相互尊重与理解是一项重要的工作。企业家当多管齐下，申明大义，与上下游企业及终端客户做好基于互让利益的磋商。应该认识到压缩利润，甚至均分利润、共担亏损是这一特殊时期的互利共赢行为。

（3）充分利用好移动互联网平台。有很多优秀的在线协同办公软件可以让我们通过手机就可以随时随地处理工作，可以实现异地办公、在家办公、远程协同办公等全新的有效工作模式。企业家们应该尽快行动起来，学习用好如钉钉等恰当对路的中小企业管理APP，加速把物流、生产、营销，乃至财务、会计、人事、质量、研发等管理工作全面上网。用好了，还能全面提升企业管理水平，使企业的竞争力提升到一个新的更高水平。

（4）做好纵向和横向沟通工作。在线协同办公软件不仅可以让我们通过手机就可以随时随地处理工作，更为人们的沟通带来极大的便利。不仅可通过集体的在线会议，实现群体的信息共享和互动，更可以个性化地以一对一的视频或网络电话，有针对性地解决问题，提振信心。保持一定频次的一对一沟通可以极大地拉近管理者与员工的心理距离，为团结奋斗赋能，并能进一步强化企业文化建设。

（5）用好第三方服务。互联网经济的特点就是各种专家知识和专家能力能够即插即用。中小微企业不是孤军奋战，运用好各种网络工具和平台，企业再小也能得到专家的赋能。

（6）创新商业模式。疫情改变了人与人、人与企业，甚至人与机器的关系，线上与线下的交互方式呈现了更大范围的多样化互动，乃至物理载体的无人化操控与虚拟空间中的可视化，大数据、人工智能、云服务、边缘计算等高大上的前沿科技成为寻常中小微企业可用的“新式武器”。只要用心，在这场加速的大变革中，相信广大中小微企业家们会超常发挥，有层出不穷的商业模式创新。

疫情终将过去，面向未来，广大中小微企业应“明目扩胸”，展望未来：

（1）大健康产业，包括量大面广的健康服务业，将是未来发展的巨大机会，将吸纳巨量的劳动力，并催生出众多新的商业模式。

（2）制造业的产业互联网化和数字化、智能化升级。加入互联网硬件制造生态系统，通过数字化改造，运用各行业的工业操作系统，乃至工业 APP 于新型制造将是下一轮发展的必备关键要件，被云服务所赋能的新制造将重塑中小制造企业的竞争力。

（3）以可视化电商为代表的平台经济将成为面向消费者的终端行业的主流。被可视化电商平台赋能的、对接线上平台的线下新零售业态将重塑整个零售业的价值创造和价值获取的商业模式。

理性地看，此次疫情将加速中国社会的整体文明程度的提升。与之相关的产业升级和消费升级将同步加速！将从根本上产生催生中国社会抓住第四次工业革命机会窗口的原动力。总体而言，短期有严重困难，中长期一定向好！

我们也希望各级政府理性考虑如何在短期内运用“看得见的手”来有效扶助广大中小微企业渡过难关。特别地，针对具体疫情影响，因地制宜地、分层分类地在补贴、税收、信贷、融资、失业保险、就业保险等方面出台相应的保障措施。早出，早安定民心，早提振企业家的信心。此次抗击疫情是一场全民战争，更是一场中华民族伟大复兴中的关键一役！上下一心，我们有必胜的信念和意志！

新冠肺炎疫情对中小企业的影响和对策建议

张　维　　天津大学讲席教授，《管理科学学报》和 *Journal of Management Science and Engineering* 执行主编。

2020 年初始发于武汉的新冠肺炎疫情，除了对整个中国社会的运转产生巨大影响之外，对经济中的基本运行单元——企业（特别是中小企业）——带来了严重的影响。2 月 4 日，中共中央政治局再次召开常委会，强调了在一线抗击疫情的同时，要针对疫情对经济运行带来的冲击和影响做好工作。我们需要严重关注对于经济运行至关重要的中小企业所面临的问题，并积极寻求短期和长期的对策，以保持经济的可持续发展，完成党中央之前部署的 2020 年的重点任务——决胜全面建成小康社会、决战脱贫攻坚。

一、问题的背景

在社会主义市场经济的基本经济制度下，中小企业具有至关重要的作用。在整个经济中，中小企业的数量占90%以上，吸纳了80%以上的城镇就业；并且更重要的是它们构成了整个经济的供应链网络中不可缺少的环节，是我国完备产业体系和产业生态的必要组成部分。

从金融学原理上看，中小企业具有与大型企业不同的高风险本质。这些风险可以分成两个部分，一部分可称为“认知风险”，源于中小企业作为融资者与金融机构（投资者）之间的信息不对称；另一部分可称为“内在风险”，源于中小企业经营活动及相应收入、利润的波动（不确定性）。前者可以通过降低信息不对称来减少，但后者才是中小企业更为本质的风险，需要从多个方面努力才可能加以管理。新冠肺炎疫情更多的是加大了中小企业后面这种“内在风险”，需要特殊应对。

二、中小企业受到的影响

从清华大学朱武祥教授等在疫情期针对约1 000家中小企业的调查情况来看，29.58%的被调查企业预估2020年度的营业收入下降幅度会超过50%；另外有28.47%的企业预估营收下降水平会在20%～50%之间。我们针对天津滨海新区中小企业协会成员单位的调查还显示，一些外向型的企业（无论是制造业、工程承包业，还是咨询业等不同类型的企业），由于不能按期复工，不仅现有国际客户（不少来源于一带一路国家）的合同不能履约（进而无法收到合同签约收入），同时也使未来潜在国际客户出现明显的流失现象，从而降低了未来预期收入。所以，这些中小企业的营业收入会由于疫情的冲击产生很大的向下波动。

与此同时，更严重的是这些企业的运营支出并没有同比例减少（例如，场地租金、设备折旧、员工基础薪资及社保等险金、各种税费，等等）。我们的调查还显示，甚至由于购置防疫装备、临时安置外地员工特殊住宿（因为原先租住的社区在疫情期往往采用保守的封闭管理，外地返回的异地员工无法入住）等需要，很多企业的相关额外支出还要大大增加。

以上收入和支出两个方面的反向变化，使中小企业在疫情期间（乃至恢复期）的利润大幅度向下波动以致出现负向经营现金流，在其他短期融资渠道受限的情况下，只能依靠企业现存自有现金来应对。无论从前述朱武祥教授等的问卷调查，还是从我们直接对企业视频访谈的情况来看，能够以自有资金维持经营三个月以上的中小企业不过 10%！

这种特定的风险状态单单依靠中小企业自身已经无法解决。由于前述中小企业在整体社会经济中的重要地位（稳定就业、促进增长、完善产业链和产业生态，等等），这种状态如果持续而导致大批中小企业的停工甚至破产，则将在整个经济中产生严重的负外部性，进而影响中国经济的健康发展。

三、应对措施建议

1. 基本思路

既然中小企业在疫情中面临的困境因为其外部性而会影响整体中国经济的运行，因此解决这种困境就不应当是完全依靠中小企业自身，而需要多个利益相关者来共同分担这种风险。

前述朱武祥教授等对中小企业的问卷调查和我们的企业访谈都反映，在疫情中的固定支出压力主要来自以下几个方面：员工薪酬、五险一金等人力成本（约占支出总额的40%～60%），经营租金（约占10%～20%），财务成本（约占10%～15%），另外还有各种上缴税费；除此之外，还有部分在供应链企业之间的固定成本支出（含公用事业费用）、专门为恢复生产之后抗击疫情购置的设施材料、在疫情期安置外地用工特殊住宿的额外支出等。

以上支出分别涉及企业员工、商业/工业地产提供商和设施租赁商、金融机构、政府部门、供应链合作方。因此，在特殊的疫情期和恢复期，应当由中小企业与上述各个利益相关方（甚至包括小企业的终端客户）共同分担疫情所带来的特殊风险。

2. 对地方政府的具体措施建议

针对疫情期和恢复期中小企业面临的上述特殊困难，地方政府可以在以下方面有所作为：

第一，政府部门要身先示范。建议各级政府要高度协调不同政府工作机构的职责，坚决制止本位主义和部门片面性，以抗疫和稳定经济为基本出发点，在调查研究的基础上科学制定和切实落实系统性的政策措施，允许受影响的中小企业减免（返还）或缓交相关税费、缓交五险一金；允许企业与员工协商临时薪酬标准和工作标准、方式；由政府控制的商业/工业地产和设施租赁商降低租金标准或者允许延期支付；针对中小企业减免由政府可以控制的基础设施和公用事业费用。同时，各级政府应当对行政和事业单位、相关国有企业对中小企业的存量欠款要尽快追责和敦促偿付。

第二，鼓励利益相关者共担风险。建议各级政府通过行业协会、发起倡议、表彰先进等不同渠道，鼓励供应链核心企业与其供应链中小企业伙伴共担风险，鼓励非国有商业/工业地产和设施租赁商降低租金标准或者允许延期支付，并有针对性地制定补偿机制和/或奖励措施。

第三，加强金融支持力度。各级政府要敦促相关金融机构切实落实中国人民银行等五部门关于进一步强化金融支持防控新冠肺炎疫情的要求，为受影响较大的地区、行业和企业提供差异化的优惠的金融服务；不得盲目抽贷、断贷、压贷，对受疫情影响严重的中小企业到期还款困难的，可予以展期或续贷；通过下调贷款利率、增加中长期贷款的方式支持企业渡过难关；各级政府性融资担保再担保机构应取消反担保要求。此外，建议中国人民银行甚至可以考虑适当临时调增银行的坏账损失计提额度，或者由财政部给予适当国家补偿。同时，对于拟上市或已上市的中小企业，对于确由疫情引发的报告期业绩下降而达不到某些监管要求的，建议证券监管部门酌情考虑，留出必要管理弹性。

第四，落实支持中小企业的长效机制。事实上，各地方政府已经出台过各类支持中小企业的常规政策措施，各地政府除了应当继续坚持之外，更应当用实际行动树立公信力，对一些尚未完全落实的政策要坚决地给予落实，真正让中小企业获得相应的政策实惠。同时，建议结合这次疫情下中小企业所反映出来的规律性新问题，梳理和优化现有政策，使之不断适应中小企业发展的新规律和新特点。另外，在面临诸如新冠肺炎疫情、恐怖袭击、严重社会骚乱等重大突发危机事件的特殊时期，由于前线情况复杂且信息传递延迟，局面瞬息万变，机会稍纵即逝，应当建立上级对下级的临时授权升级制度，并要求一线负责领导有切实的担当和积极的作为，一切服从于危机事件的解决，而非被动地执行常规程序，或者消极地等待上级指示。

中小企业应对疫情危机的对策

陈　劲

清华大学经济管理学院创新创业与战略系教授、博士生导师，清华大学技术创新研究中心主任，国家杰出青年基金获得者和教育部长江学者特聘教授，教育部科技委管理学部委员，《国际创新研究》主编，《清华管理评论》执行主编。

此次疫情危机对中小企业提出了新的挑战。从短期面来看，创业者必须加大资金的自我筹措或对外融资，要加强与客户或供应商的沟通，争取在应付款或应收款上有协调的余地，力保资金处于相对充足的状态，这是危机时期中小企业最关键的行为。其中，自我的储蓄、家族的支持、员工的相助、供应商或客户的支持、银行的合理贷款、政府的补助等均是解决疫情危机的可能措施。这充分说明中小创业者必须时时维系企业发展的核心资源。

由于此次疫情非常特殊，对中小企业的应变能力提出了新的要求。如及时转换产品形态，改善管理流程，完善商业模式，保持中小企业在产品、流程和商业模式转型方面的优势。如知名餐饮公司外婆家及时从传统餐饮调整成线上特定餐品的提供，大大降低了人群聚集。在管理流程方面，要加快数字化转型对中小企业发展的重大效用。增强基于大数据、人工智能的决策分析能力，以互联网为基本平台的营销手段、工业互联网为基础的生产体系、移动办公为基础的行政管理体系、区块链为基础的物流管理和配送体系等，其中由于信息化投资比较大，要优先采用成熟的商业化的公共信息平台，如云计算平台、知识管理和办公自动化及移动办公平台。通过此次疫情，切实在产品调整和管理流程优化方面奠定扎实的基础，形成动态的核心能力。

从长期面来看，企业要加大细分领域的机会探索，依托卓越的品质和工匠精神，成为行业的垂直供应商。与德国、日本的中小企业相比，我国现有的大多数中小企业虽然具有很强的创业意愿和创业精神，但在产业的专精方面，缺乏德国企业所普遍拥有的技术专长、精密制造能力；在生产工艺方面缺乏日本企业的工匠精神，精益制造能力。因此，中小企业要应对困难，要进一步摆脱单纯依靠量产、低成本取胜的发展思想，而将质量意识以及质量管理植入企业的管理体系，切实形成质量制胜的发展新格局。

有条件的中小企业要发挥灵活机动的优势，逐步关注颠覆性技术创新的行为，逐步形成能与大型企业合作共创的商业生态体系。与美国、以色列等新创企业相比，我国的大多数中小企业缺乏颠覆式技术创新或突破性技术创新能力。美国和以色列的中小企业素以致力于技术领先、敢于超越在位成熟企业的发展模式为特色，它们积极和一流研究型大学合作、积极引入风险资本，形成了合理的产业—大学和风险资本协同互动的模式。如近期发展较快的奈飞、英伟达、爱彼迎等新兴企业，分别对传统的娱乐巨头迪士尼、芯片巨头英特尔、酒店巨头希尔顿等带来了巨大的冲击。因此，我国的中小企业应逐步形成冲击现有商业巨头的颠覆式技术创新能力，这是对今后中小企业应对危机的终极要求。

总之，本次疫情危机固然有不测之面，但对我国广大的中小企业不无觉醒之用，那就是要彻底摆脱创业发展无资金、无技术、无人才之困，必须完善创业素养、提升创业能力、提高创业追求。在中国经济实现传统的增长目标而转向高质量发展之后，中小企业发展的动力也应从单纯求生存转向竭力谋领先，以极强的颠覆性技术创新探路、以极高的质量管理水平奠基、以卓越的信息化平台增效、以独特的产品或服务制胜。

支持中小企业跨越当前的险境是应尽的社会责任

尤建新

同济大学教授，博士生导师，上海市产业创新生态系统研究中心总顾问。曾任同济大学经济与管理学院院长，同济大学中国科技管理研究院副院长，上海大学管理学院特聘院长。

疫情防控是当前第一要务，无可置疑。但同时，不能忽视经济社会的健康发展，否则将毁坏疫情防控的经济社会基础。如何确保疫情防控和经济社会发展两不误，这是一个难题。尤其是对于中小企业而言，将面临严峻的挑战。

一、政府必须全力帮助中小企业跨越险境

疫情防控和提振经济两不误，各级政府在紧盯重大项目、重大工程的同时，必须关注中小企业的生存，这是关乎民生的重大和紧急事项。

疫情之下，中小企业面临的最大问题是流动性问题。虽然央行等各部门已经共同发声将加大货币信贷的支持力度，确保流动性合理充裕，但市场反应并不积极。因而政府必须紧急启动对中小企业的救济政策，并确保政策实施的透明。为了有助于政策的快速、有效，政策制定者应该深入中小企业，倾听企业的声音，同时要借助公共政策、法律法规、资本市场等方面的专家力量，共谋政策方案，确保紧急出台的政策科学、可操作。

政策往往具有整体性、系统性、滞后性的效果特征，越是危急时刻，越要站得高看得远，切忌拍脑袋决策。为了避免应急中政策匆忙出台可能带来的不协调、难落地、相互冲突的问题，必须对政策的颁布和实施过程进行跟踪和监控，及时纠正政策的不完善导致的负面性影响。特别是对于中小企业，各行各业千差万别，对于政策的救济需求也不一样，绝不能一纸文件就算完事了。在政策落地的过程中，相关部门如果能够提供积极、细致的网格化服务，强化服务功能，就能有助于政策贴切企业的痛点，提升政策的救助效果。

在互联网、大数据和人工智能快速发展的今天，政府应该摆脱传统的思维模式，通过强化基础设施建设以促进治理体系和治理能力现代化，健全和持续提升服务能力，更好地服务中小企业摆脱困境。比如构建线上政府服务平台，形成交互、共生的中小企业健康成长生态，夯实政府服务设计—资源配置—实施服务—监督改进的良性循环。同时，政府应该基于现代管理思想，快速建立中小企业图谱，以更精准的服务助力中小企业跨越当下的险境、克服复工险情，促进中小企业实现健康可持续发展。

二、中小企业必须快速、全力自救

面临疫情带来的严重危机，中小企业自身的作用更重要，应该立即自救，不能有丝毫犹豫和懈怠。中小企业一方面要紧密依靠政府和资本市场的支持，不放过一丝一毫有助于缓一口气的机会，同时要积极寻求相关组织（包括行业联合体、中小企业联合体等）的帮助，以及供应链相关企业的合作，抱团取暖，降低流动性压力。另一方面要积极开拓商业空间，特别是借助互联网等平台经济的支持，不拘一格拓展商业机会，包括变革经营模式，降低成本，减少疫情带来的损失；重构组织结构和流程，破解疫情导致的资金和人力资源瓶颈；创新产品、服务和营销模式，建立根据地，保持市场占有率。另外，中小企业对于暴露出来的企业管理问题要果断处理，不得纠缠，要有壮士断腕的勇气。

中小企业必须清醒地认识到，这次疫情危机带来的巨大影响将会持续一段时间，不能有任何侥幸的想法，要积极认真地面对挑战。一个重要举措就是瘦身、健体同时抓。部分中小企业在疫情防控期间，为了降低流动性压力就顺势瘦身，但必须明白瘦身在疫情之下是权宜之计，时间一久，没有健康体魄就没有竞争力，就会全线溃退，顶不住打持久战。所以，强身健体是中小企业自救走出困境的基本，是真正挺得住、活下来的关键。

三、社会力量必须合力援助中小企业摆脱困境

中小企业是经济社会最活跃的细胞，是许许多多供应链上的“螺丝钉”，不起眼却少不得。危急时刻，社会力量必须尽全力伸出援手支持中小企业摆脱困境。帮助中小企业就是帮助自己！

为了帮助中小企业应对流动性压力，除了各级政府纷纷出台相关的金融扶持政策外，社会力量可以敞开大门，提供中小企业借力发展的机会，或协同中小企业融入自己的体系共生发展。例如，2 月 2 日、3 日就有多地房地产租赁协会发出了“共克时艰”的减租倡议，万达、华润、万科、龙湖、同济科技园等多家房企纷纷推出租金减免措施，部分外卖平台也已经开启佣金减免举措。互联网企业、律师事务所、会计师事务所、科研院所等平台、咨询和培训服务机构可以为中小企业提供量身定做的优质和优惠服务，助力中小企业快速跨越险境。

总之，中小企业是当今经济社会稳定的基础，也是疫情过后唤醒经济社会复苏的主力。因此，面对疫情严酷的挑战，政府、资本市场、科研院所、社会组织、企业包括中小企业自身等都必须行动起来，把支持中小企业跨越当前的险境作为应尽的最大社会责任。加油，中小企业！

创业者是应对不确定性的高手

张玉利

南开大学商学院教授、博士生导师，教育部长江学者特聘教授。南开大学创业研究中心创始主任，全国工商管理专业学位研究生教育指导委员会创新创业协同促进中心主任。兼任教育部科技委管理学部委员、国务院学位委员会第七届学科（工商管理）评议组成员、中国高质量MBA教育认证工作委员会委员。主要研究领域：创业管理、企业成长战略、管理教育。

不确定性不是因为创业而产生或强化的，相比于大公司的专业化管理，创业活动更注重利用不确定性，创业者更擅长应对不确定性，捕捉和利用不确定性会带来机会，这是客观事实。

此次新冠肺炎疫情显然是突如其来的巨大的不确定性。

从短期看，疫情限制了人们的聚集合作。企业组织存在的价值在于集体合作，疫情恰恰不许人们聚集。所以受伤的不只是小企业，而是所有的企业组织，差别在于是大还是小、是长期还是短期、能承受还是承受不了。对企业特别是中小企业经营者，我有三点建议：

第一，疫情期间要最大限度地控制成本，活下来才能发展。近日各地陆续出台了各种保护中小企业的措施，总体上是降低成本，这些是外在的，企业自身更要重视和努力降低成本。

第二，想方设法用好员工的脑袋（智慧）。与员工沟通共渡难关，努力探索在家工作的各种办法。数字经济时代要用员工的脑袋而不只是身体，硅谷的互联网公司（如爱彼迎、领英等）没有一个个窝在格子里的“码农”，它们用优厚的福利、免费的一日三餐吸引员工来公司工作，而绝不强迫。很多企业可能会说我们不是互联网公司，请问您用微信吗？您因为有秘书而离得开手机吗？如果不能，别找借口，行动！人工智能已经在越来越多的领域替代人工，疫情之前就已经如此，此次疫情会加速，这是能够看到的未来。改革自上而下、创新自下而上，是改革开放 40 多年的经验证明有效的措施，不管如何降低成本，都不要把员工当包袱。不确定性意味着例外，意味着意想不到，意想不到位列德鲁克所说的七种机会来源之首，发挥集体力量，有助于识别新的机会。

第三，把未来趋势分析和低成本试验结合起来，而且以后者为主。想象一下，您现在掉入伸手不见五指的深坑，除了焦虑和恐惧还能干什么？手脚并用地小幅度摸索！这是创业式的行动机制，是非预测控制，是应对不确定性的有效手段。简单的方法往往最有效，和隔离用于防疫情一样。低成本尝试、基于最小化产品的快速迭代、精益创业、顾客参与价值共创，这些都是创业者在不确定环境下探索出来的有效办法。

疫情总会过去，相信时间不会长。人还会聚集，还要合作。短期影响巨大，但不会改变长期的商业逻辑，是专家们的基本判断。防疫期间的行为要考虑长期性，例如，即使疫情过后也要继续多利用员工的脑袋；意想不到的疫情会有一些与以往不同的机会，把握和利用机会但不要强化短期行为的投机。疫情过后，恢复信心我认为是最重要的。

生产的恢复会比经营的恢复快，国内市场的打通会比国际市场快。政府要发挥更大的作用，从短期救助过渡到长期的政策改进，给经营者特别是创业者长期投资经营的信心。创业者更加擅长应对不确定性，但不意味着创业者喜欢不确定性。创业者应对不确定性的能力是在不确定性的情境中锻炼出来的，不得已的成分更大。政策的长期性、稳定性有助于降低不确定性，创业者可以形成清晰的预期，信心自然也就增强。近年来，中央就弘扬企业家精神、改善营商环境出台了多项具体且有力度的政策，应该带头斩钉截铁地落实，行胜于言。

引导企业家树立信心的另外一个重要因素是健康的营商

环境，健康的营商环境需要最大限度地打击短期投机行为，防止劣币驱逐良币，这自然有助于驱使企业行为长期化，这需要加强法制的手段。

敢创业是信心的体现，长期行为取向才是真正的信心，这才是应对不确定性的底气。

企业的转型力度需要加大。数字化转型是重要的方向，会有更多的企业走上数字化转型之路。数字化转型不只是发展电子商务，还包括利用大数据决策，决策的科学化。大数据在防疫工作中所发挥的作用进一步拉近了数字技术与人们生活的距离。

转型的另一个方向是对社会事务的关注，承担和把握创造社会价值的责任和机会。随着数字化转型，企业平台化、生态化势不可挡，企业主导的生产经营边界与政府负责的公共事务的界限不是那么泾渭分明，防疫期间武汉的物资分配、慈善救助等更加显示政企互动的必要性。以前，企业承担社会责任需要央企、国企带头，企业主动性不够，存在为了长期利益的“投资”，还有不少功利性的社会责任行为，视社会责任为责任，今后会变化为视社会责任为机会。我们也可以理解为社会创业的兴起，这种势头已经显现，疫情过后会加速。改善民生不仅是让人民有钱，还要有生活的质量、健康的保证，这和经济从量到质的转变同理。

淘汰，也不可避免。改革开放 40 多年，企业取得了很大的进步。小米只用了 8 年就进入世界 500 强，成为最年轻的世界 500 强公司；华为顶住了美国举国之力的打压；现代化工厂越来越多；等等。总体水平是在提升，但好的真好，差的也真差。40 多年前是普遍落后，甚至不存在真正意义上的企业，现在是高水平上的不平衡。差距缩小，整体水平提升，是大的方向。跟不上的会被淘汰，想做差的应该被淘汰。

疫情时期，如何开业？

井润田

上海交通大学教授、博士生导师，教育部长江学者青年学者，首届中国管理学青年奖获得者，教育部“新世纪优秀人才支持计划”入选者。兼任中国管理研究国际学会副主席、中国管理学会（管理现代化研究会）组织与战略分委员会副主任委员等学术职位。主要研究领域：组织变革、领导行为、跨文化管理等。

中小企业的抗风险能力比大企业弱，尤其是面临灾难时。据国外统计，40% 的小企业在经历灾难后就再也难以开业，90% 的小企业如果在重新开业 5 天内无法恢复运营也会面临倒闭。在当前疫情仍在蔓延的情况下开业，我给中小企业管理者有如下建议。

一、和员工一起而不是独自面对困难

面对疫情，裁员不是上策，这样的举措本身就像疫情一样，会极大挫伤员工包括留任员工的士气和情绪。在开业之后的一周里，最重要的是想办法让员工能够尽快、尽心投入工作。美国“9·11”事件发生时，纽约市两家相邻公司都有员工遇难，但两家公司管理者的处理方法却截然相反：一家公司召集那些曾经与遇难员工共事的员工并让他们将悲伤情绪抒发出来，允许他们在家休息几天进行情绪调节；另一家公司则拒绝停止所有的经营活动，出事的第二天照常举行各项定期会议。从结果来看，虽然第二家公司要求员工开会，但员工心神不宁、时时借故离开，效率很低。而第一家公司虽然让员工在家休息，第二天却发现很多人都到了公司，因为他们觉得这一刻和更多同事在一起心情才能平静。同样，在当下疫情未散时开工，虽然员工可能身在企业，但却无法定心，很难想象此时他们能有稳定的生产与质量。为此，企业要设法帮他们解决好住宿、交通、医护等问题，倾听他们的担心问题并设法解决；只有释放掉这些担心，员工才能与管理者齐心协力克服开业之后的各种困难。管理者要善于引导员工的负面情绪和恐慌，人的负面情绪需要积极疏导而不是强行压制，好的危机处理策略反而可能提升企业的凝聚力和文化向心力。

二、冷静做些战略性思考

管理学经常讲，面临危机我们需要的是领导而不是管理，这一刻我们需要重新调配资源创造出新的秩序。过去的两三周时间里社会突然停歇下来，企业此刻要恢复运转必须让价值链的每一环节都动起来，例如：疫情是否影响到我们的客户和订单？采购是否有后备？运输是否通畅？等等。最近，清华大学和北京大学对全国 1 435 家中小企业的调查表明，这些企业的账面资金非常紧张：35.96% 的企业只能维持 1 个月运行，31.92% 可以维持 2 个月，17.03% 可以维持 3 个月，能维持半年以上的企业只有 9.27%。这一刻，企业如临危崖、如履薄冰，价值链上的任何一个环节出现障碍都会影响资金周转，中小企业对环境风险的抵御能力非常脆弱。此时，管理者需要冷静思考以上问题，在可能的风险之处找到对策或备选方案。有时，困境也会促成变革的勇气，很多以往想做的事或许在这一刻变得容易。也不妨想想：哪些业务是疫情之后需要继续下去的？市场会有怎样的转机？人员和结构如何调配？

三、学会利用信息化创新经营模式

中小企业往往对信息化重视不够，但此次疫情却让我们深刻认识到信息化的重要性。当疫情肆意在物理世界里传播时，当我们为防止病毒蔓延必须物理隔离时，互联网的“第三空间”里人际交往、生意往来却没有中断过。与家庭空间（第一空间）和职场（第二空间）不同，在互联网这样的第三空间里，人际关系自由而平等，不用担心那些物理病毒的侵害，也没有社会角色的束缚，人们可以把真正的自己释放出来，这极大地拓展了人们在物理世界之外的需求满足。从这个意义上讲，互联网创造的潜在市场需求是巨大的。事实上，

2003 年非典之后我国涌现出互联网企业的新形态，这些企业很多都是通过满足人们的拓展需求而顺势成长起来的。2003 年 5 月，阿里巴巴的淘宝项目正式上线，满足了非典之后数百万害怕出门的人尝试在网上购物的需要。非典期间，刘强东经营的京东实体门店没有顾客光临，短短 20 多天亏损巨大。无奈之下，他只有注册几百个 QQ 号进行网上推销，由此开启了京东线上经营的模式。正如管理学大师克莱顿·克里斯坦森教授所言，颠覆性创新往往是从中小企业开始的，而当年的阿里巴巴和京东现在已经成为中国企业的领先者。没有资源优势的中小企业需要在经营模式上更加精巧，必须学会从战略上重视信息化。例如：如何结合线上线下建立资源保障系统？如何利用信息化保护核心资源？如何在“第三空间”里拓展市场？“凡杀不死我者，只会让我更强大”，希望中小企业在疫情之后的“重新开业”不仅是时间上的，更是理念上的。

最后，我也呼吁更多地方政府能像苏州市等地那样出台政策、真切地关心中小企业。在任何国家或地区，中小企业都是劳动力的主要雇佣者，也是维持经济和大企业健康运作的毛细血管。呵护今天的中小企业，我们才可能拥有明天的华为、阿里巴巴或者京东。

从防疫口罩奇缺看战略性物资的企业应急响应

曾赛星

上海交通大学安泰经济与管理学院教授，教育部长江学者特聘教授，国家杰出青年科学基金获得者。主要研究领域：创新管理。

新冠肺炎疫情爆发后，口罩和防护服等物资严重短缺，全国各地出现了“一罩难求”的现象。在需求端，一线医院的医疗防护物资频频告急，增加了医护人员受感染的风险；同时，线上网店和线下药店的口罩等物资售罄，不仅给广大群众的日常防护带来困难，也给阻断疫情传播带来了挑战。在供应端，由于正值春节假期，工厂人手不足和供应链的不稳定，限制了生产企业的产能提升，造成了供需严重失衡。随着春节假期的结束，各地员工陆续回到各自的工作岗位，口罩需求量进一步提升，这将加剧供需之间的矛盾。因此，现阶段的当务之急是协助国内口罩和防护服等物资生产企业提高产量，加大市场供给。由此可见，面对重大突发事件，确保战略性物资和设备的供给，企业需要不断提升客户和市场需求快速响应能力、改善柔性生产能力，这些问题都需要重新审视。

1. 对客户及市场需求的快速响应能力

此次疫情发生后，市场对于口罩和防护服等物资的需求呈现爆发性增长。面对快速变化的市场，需要企业快速响应。如何在资源允许和成本许可范围内满足市场的快速需求，成为打赢这场疫情阻击战的关键。企业需要在不确定的动态市场环境下，建立有效的快速反应机制。快速响应时间越短，越能为疫情防控赢得时间，也会给企业带来更大的利润。快速响应需要从客户到供应商的各个环节的紧密合作和信息的有效共享。

首先，需加强与下游客户的沟通，及时了解疫情的变化和政府公布的相关信息，把对客户需求的预测和生产任务集成在一起。按准确的需求组织有针对性的生产，提升生产效率，缩短交货期，减少非急需产品的过度储备。为客户提供准确的产品的同时，降低企业的资金压力。

其次，口罩等生产企业也受到了上游企业——原材料供应商——的供货能力的制约。受疫情的影响，供应商的产能不稳定和原材料价格上涨问题比较突出。生产企业需要与上游供应商在疫情防控的特殊时期协商利益共享、风险共担的新合作模式；建立信息交流平台，提高采购的准确率，通过小批量、多配送的方式补充原材料，确保一定数量的安全库存，降低由于原材料供应紧张造成的运营成本上升。

最后，由于疫情防控的需要，全国部分道路封闭，道口的检查时间加长，加之物流公司人员短缺等因素，物流运输能力和效率大幅下降。运能瓶颈不仅让企业生产出来的口罩等物资无法及时运送到客户手中，无形中也增加了企业的库存管理成本。这就需要生产企业和物流企业建立有效的协同机制，让物流企业实时掌握物资生产计划，合理调配运能，打通运能瓶颈，确保物资在第一时间交付到抗击疫情一线最需要的地方。

总之，通过与客户、供应商和政府各个环节之间建立有效的快速响应机制，生产企业内部运营可以随疫情的变化而快速调整，让企业的口罩等防护物资“产得出，运得走，用得上”。

2. 改善柔性生产能力

口罩和防护服物资生产企业目前面临的最大的问题是制造资源不足：人工短缺和原材料供应不稳定。面对严峻的疫情防控任务，各地相继出台了严格的人员流动管控措施，间接造成了外地员工返工困难，使企业常规的生产模式无法开展。而熔喷布、无纺布、滤材等口罩原材料供应短缺和价格上涨更是困扰着生产企业，让生产企业处在由于原材料短缺而停工的不确定中。

首先，面对这些难以解决的问题和紧迫的生产任务压力，生产企业需要从自身实际情况出发，合理分配有限的资源，改进传统的生产流程，提高设备和人员的利用率，增强生产的灵活性和应变能力。

其次，口罩和防护服生产企业要抓住这次机会，将之前传统的生产模式向柔性生产的现代化生产模式转变，充分发挥柔性生产的优势，做到刚柔并济，以适应不断变化的外部动态市场环境。在国家政策鼓励下，具有生产资质和生产能力的企业纷纷转产民用口罩等医疗防护物资。提升企业柔性生产能力，压缩不同客户不同需求的响应时间。让这些企业在不影响正常业务的同时，利用空余产能来缓解“口罩荒”的问题。以上汽通用五菱为例，该公司联合供应商通过改建生产线的方式转产口罩，助力医疗物资紧缺地区，设置14条口罩生产线以支持一线疫情防控，日生产量可达170万只以上。

最后，由于制造资源严重不足，而单个生产企业应对能力有限，为了弥补这种不足，提高企业资源利用率，可以在政府部门指导下，建立口罩和防护服物资生产企业联盟“抱团取暖”。一方面，企业间可以实现资源共享，风险共担，以提高成员企业应对风险的实力与柔性；另一方面，政府可以协助统筹急需的物资，加大相关政策扶持力度，为联盟企业提供必要的指导。同时，企业联盟必须加强分类指导，避免同质竞争。

需要注意的是，在疫情发展到后期阶段，企业需要密切关注市场的需求变化，对于市场出现供大于求的局面作出准确和及时预测。随着人力和物力逐步到位，全国各地的口罩生产企业将恢复到正常生产水平，基本可以满足市场的需求。同时，在国家政策的鼓励下，越来越多有资质的企业转产和扩能，这部分产能为市场提供了额外的补充。此外，在后期疫情得到有效控制后，口罩等防护物资的总体需求将趋稳并呈下降趋势。这些因素叠加有可能会造成疫情过后企业产量富余和库存过剩，这些都会占用企业大量流动资金，让企业面临巨大的经营压力。

这次疫情给战略性物资和设备生产、储备、调运等提出了严峻挑战，也给企业管理理论和实际工作者带来了新的课题，需要我们进一步深入思考。

尽力抓住中小微企业生存的关键——现金流

王全喜　　南开大学商学院教授，博士生导师。研究方向：公司财务、企业税务。

企业的现金流就像是人的血液。一个病人身体虚弱或者病了好久还能活着，但是一个即使身体强壮的人，若发生心肌梗死血流中断，也会死掉。企业的现金流关系到企业的生死存亡。在疫情中以及在疫情过后一段时间里，特别关注现金流，才能避免大批中小微企业倒闭。

一、疫情破坏了企业现金流正常周转

我国的传统节日春节历来是个消费旺季，许多企业在年前大力承揽客户，投资改善设施，大量进货，准备在春节长假期间扩大营业增加盈利。但突如其来的新冠肺炎疫情打乱了社会经济的正常运行，全社会紧急动员投入到抗疫防疫活动中去。一系列的防疫措施紧锣密鼓地严厉实施，避免聚餐聚会，实行交通管制，延长休假，推迟复工等措施，使企业的经营计划泡汤，大量存货积压在仓库，许多施工、旅游、餐饮合同无法执行，企业的现金流受阻。

不仅如此，很多企业还要承担原价退票、退款，房租照付，员工加班工资照付等成本与损失，还要偿还到期的银行贷款。企业的现金流在失血。

二、中小微企业难以承受现金断流风险

众所周知，中小微企业在国民经济中发挥着重要的作用，其创造的GDP、吸收的就业人数、缴纳税收的比例、出口贸易的占比以及在创新创业中的作用，都具有不可或缺甚至是主要的地位。但中小微企业像是还未长大的孩子，在许多方面比大型企业脆弱。例如：

（1）融资难，财务实力弱。众所周知，中小微企业融资难，一些部门努力了很多年仍无实质性改变。

（2）市场地位弱，竞争能力不强。中小微企业受资源限制，在品牌影响、市场开拓、客户关系及公共关系等方面能力有限，在市场竞争中往往处于劣势地位。

（3）人才短缺，经营管理水平较低。中小微企业在品牌、社会地位以及薪酬等方面难以和大企业相比，对优秀人才缺乏吸引力。人才短缺势必影响技术研发和经营管理水平。

（4）大多从事服务行业，薪酬成本压力大。服务行业种类多，很多属于劳动密集型，薪酬、社保等人力成本不断攀升。

仅从以上几点就可以看出我国中小微企业的脆弱性。据统计，中小微企业平均寿命不到三年。

平时已经如此，疫情更使中小微企业雪上加霜。据清华大学最近对700多个中小企业的调查，疫情期间大约50%的企业营业收入下降1/3以上，能以自有资金维持三个月以上的不到10%。疫情何时结束？届时企业是否还在？现金流是关键。

三、企业要以现金流为中心开展经营自救

在生死存亡面前，宁可损失钱财也要保命。当今，中小微企业一定要以现金流为中心，宁可少赚钱甚至亏损也要维持现金流。

（1）增强信心，坚忍渡关。中美签署经贸协议给今年经济有了一个较好预期，肺炎疫情只是一个短期事件，企业只要坚持渡过疫期，就可能进入较好的经营时期。

（2）特别严控现金流。认真研究制定现金流计划，积极主动地、充分地利用最近出台的银行信贷、社保基金等一切疫期优惠政策，采取尽可能多的措施回收现金，牢牢地把现金掌握在手中。百鸟在林不如一鸟在手，宁可少盈利甚至亏损，不能断了现金流。

（3）宁可捐赠商品实物，不要采取降价方式支援抗疫。

（4）严控成本费用，安排错期付款推迟支出，过紧日子渡过难关。

（5）探索转变生产经营方式，开展线上采购销售、网上工作、业务外包等，努力增加现金流。

（6）尽量不投资新项目、新业务，除非能在销售和现金流等方面很快见效。即使不谈投资新项目风险大，现时的现金流出是肯定的，而投资产生的现金流入可能遥遥无期。

四、政府和有关部门要细心呵护企业现金流

我国政府是强势政府，权力范围较大，拥有资源较多。没有政府的支持，中小企业很难解决现金流难题。

（1）企业向政府缴纳税费是应尽义务，是必需的现金流出。但大难当前，政府只有减税降费，减少企业的现金流出，才能维护企业的生存与发展，进而有今后的源源不绝的财政收入。当前采取的减税降费和推迟社保基金的措施应是短期的，大约在六个月至一年期间。

（2）重大困难情况下，企业为缓解现金流出，有可能在裁员、调整薪资等方面采取措施。政府应尊重企业自主权，不用行政命令做统一规定，鼓励企业遵守法律。

（3）法院在债权债务诉讼中，要提高效率，一方面尽快为企业追回资金，另一方面协调原被告关系帮助企业延缓支付期限，有利于企业现金流入，控制现金流出。

（4）非必须情况下，公检法机关尽量不羁押企业老板和管理人员，不冻结资金和其他资产，以维护现金流顺畅。

五、银行采取贷款展期等措施维护企业现金流

在我国直接融资业务不发达的情况下，通过银行间接融资是企业融资的主要渠道。这样，银行在一定程度上成为决定企业现金流的主要因素。一般讲小企业融资难，是指小企业向银行贷款很难。

在目前中小微企业遭遇疫情的特殊境况下，银行（尤其是国有银行）应从国家大局出发，根据情况对中小微企业采取贷款展期、推迟收息等做法，维护企业的现金流。

此外，行业协会、商会也应免除企业会员费等收费，社区街道减少对企业的摊派和收费，工会号召员工支持企业的决策等。全社会认清形势，同心协力，八方支援，共渡难关，可以使大多数中小微企业在疫情中生存下来，在疫情后为社会经济发展发挥应有的作用。

对疫情中中小企业经营者的三点建言

梁　建

同济大学管理高等研究院教授，获得国家自然科学基金委员会优秀青年基金资助，入选上海市曙光人才计划。担任 *Management and Organization Review* 资深编辑，《管理学季刊》编委、领域编辑，*Journal of International Business Studies* 编委。研究领域：员工主动性行为、领导行为、组织中的社会交换关系、企业伦理等。

新冠肺炎疫情的突然爆发打乱了中国人的传统佳节，却也意外地让我们再次意识到广大中小企业对社会生活的重要价值。它们不仅是解决劳动力就业的主力军，也是保障我们衣食住行的基本社会运作单元。中国社会的进步与繁荣与中小企业，以及千千万万个个体经营者的辛苦付出密不可分。作为这次疫情蔓延的直接受害者，中小企业经营者可以从这次意外中得到什么启示呢？我认为应该有以下三点：

第一，这次疫情的爆发提示中小企业经营者，我们生活在一个充满不确定性的时代。我们必须保持开放的心态，养成不断学习的习惯。这次的疫情固然有天灾人祸的成分，但也是社会运行中不可避免的一部分。中小企业经营者应该用一种平常心看待这次疫情对企业的冲击。随着互联技术和人工智能技术的发展，能够改变人们生活方式和消费需求的黑科技可能随时会像这次疫情一样意外出现。大多从事传统行业的中小企业在这个充满不确定性的时代面临不可预测的经营风险。我们身边的很多中小企业在创立之初只是出于谋生的需要，其经营者追求的仅仅是一种富足安逸的生活。这种思维使得很多中小企业经营者很容易沉溺于过去的成功经验和经营模式，失去了对社会变化的洞察力，忽略了对其他可能的思考。在变化来临之际，由于缺乏备选方案以及必要的前期准备，只能被动甚至仓促应对。因此，如果不能养成一种开放学习的心态和习惯，在关键时刻具备壮士断腕的变革勇气，随时出现的未知黑天鹅可能会像这次疫情一样瞬间打乱我们平静的生活。与过去不同，在这个充满变化和不确定性的年代，我们无法独善其身，中小企业经营者必须时刻思考，时刻谋变。

第二，在这个特殊的时期，中小企业经营者应该更加坚定信心，顶住压力，积极耐心地为明天谋划。假期延长、控制出行，使很多中小企业面临无法复工的风险，但是房租、员工工资等各种运营成本需要按时照付。与大型国企和外企高管不同，中小企业经营者在这个时期面临着更大的经营压力。

日常的营收不仅关系到企业的绩效，甚至直接影响到家人的生活质量。因此，中小企业经营者在这个特殊时期承受的创业风险和心理压力可想而知。但是，面对这种突如其来的天灾人祸，悲叹不能解决任何问题，唯有积极健康的心态才能为企业谋得更好的未来。孙中山先生在《建国方略》的自序中曾言："夫国者人之积也，人者心之器也，而国事者一人群心理之现象也。是故政治之隆污，系乎人心之振靡。吾心信其可行，则移山填海之难，终有成功之日；吾心信其不可行，则反掌折枝之易，亦无收效之期也。"一个国家如此，一个企业更是如此。面对突如其来的困难，作为一家之主的中小企业经营者应该先要打倒"心理的大敌"，在家人和员工的注视下，面对眼前的困难要有足够的耐心，面对充满不确定的未来要有充分的信心。我们要相信现代中国正行驶在正确的轨道上，中国人长期形成的坚韧和勤奋构成了中国经济长期向好的基本支撑。在一个健康向上的庞大经济体内，中小企业具有广阔的市场需求和发展前景。在这个特殊时期，积极压缩各种不必要的成本，积极主动地积聚员工信心和智慧，最终必能带领企业走出这段暂时的阴霾。

第三，中小企业经营者应该积极思考这次疫情对员工队伍可能产生的影响。这次疫情势必在中国社会发展史上留下它独特的印记。首先，它传播速度之快、危害范围之广都超出了大家的预期，使得防疫抗疫成为中国社会一致的中心工作。其次，这次疫情出现在中国社会转型期的关键节点以及传统的新春佳节，必将对国人的心理和行为产生影响。经过改革开放 40 多年的建设和发展，我国人均 GDP 已经跃过 1 万美元的关口，基本实现全面小康社会的任务实现在即。随着工业化水平和人们生活水平的提升，中国社会已经到了转型发展的关键节点，人们的工作需求和价值观也在悄然地发生变化。我们日常经常谈及的新生代工作态度问题，其本质并不是年龄的因素，而是在进入小康社会以后，人们的工作价值观发生变化的一个直接体现。迫于疫情的迅速蔓延传播，国家采取了前有未有的防控措施，大多数中国人都留在家里。这项迫不得已的安排意外地打乱了一直高速运行的社会节奏，大家瞬间得到一个休整机会。虽然春节期间的各项安排被打乱，很多人也因此难得地享受了一个与家人独处的漫长假期，传统佳节带来的浓浓亲情和家的氛围得以长时间保留。回顾管理学理论的发展历史，我们可以发现每一次重大事件的发生都有可能造成人们工作价值观的变化，从而带来管理范式和实践的变化。这次疫情的爆发恰巧发生在中国经济和社会重要的转型期，回归家庭的国人必然会重新思考工作的目的和意义：在关注收入和个人发展的同时，我们是否在激烈的竞争中失去了很多珍贵的东西？我们工作究竟为了什么？这些或显性或隐性的思考会影响到很多人的工作选择和行为，中小企业经营者应该积极思考这种变化，因为这种变化需要改变长期以来简单粗暴、以经济交换为主要逻辑的管理模式，重新定义企业与员工的关系。在不久的将来，我们需要思考如何用一种类似家的氛围留住员工，用工作本身的意义和价值去激励员工。

“三个坚持”助力中小企业突围

金润圭

教授，博士生导师，曾任华东师范大学商学院院长，获国务院政府特殊津贴。研究领域：国际企业管理、工商管理。

一场新冠肺炎疫情袭来，对中小企业来说，原有的问题还没有解决，新的困难又突如其来，雪上加霜。如何逆境突围呢？药方很多，我认为“三个坚持”是基础型的药方。

一、坚持信心是金

新冠肺炎疫情给企业带来的最大问题可能是恐慌，而恐慌一旦由上而下传染，就会“吓死”企业。恐慌的反面是信心。信心不是盲目乐观，而是一种价值观和企业文化。企业信心首先应该来自对中国经济发展和韧性的客观思考。中国经济虽然处于经济周期下行阶段，外部环境也不好，但是积极向上的长期趋势并没有改变。企业信心也应该来自对国内外，特别是来自对庞大中国市场的观察和期待。虽然短期内因为新型冠状病毒肆虐，消费需求欲望暂时减弱或者推迟，但是这种消费需求一直存在，并没有消失，全世界都看到了中国市场巨大的购买潜力，谁也不愿意放弃。企业信心还来自国家和地方政府的政策。最近，国家和地方政府密集出台一系列特殊时期支持企业特别是中小企业的政策。这些政策一方面表明了国家和地方政府支持企业恢复生产和发展经济的导向；另一方面，也实实在在地为企业解困，为逆势突围创造了条件。企业信心还应该来自企业创办者对自己创业的初心，初心未变，信心犹在。信心是金，是企业冲破病疫的精神支柱。在今天，这个精神支柱对于中小企业的创始人或者一把手尤其重要。如果自己恐慌了，恐慌压倒信心，企业就会不打自垮。如果信心压倒恐慌，员工就会受到感染和鼓舞，就会团结一致，想方设法顽强地扛过去。建立信心文化，正当其时。

二、坚持边缘平衡

企业经营环境是变化的，有时急剧有时缓和，充满变数，甚至危机。新冠肺炎疫情突发，使得企业一下子进入一个危机的爆发期。当然，不同行业企业遭遇的突袭不尽相同，有的企业如医疗行业企业可能“机”多一点，而有的企业如服务行业企业则“危”情凸显。不管哪一类企业，都面临着外部环境的突变和不确定，都需要组织和经营的调整。在应对外部不确定变化的过程中，我认为很重要的是适当改变企业组织和运行的守旧和惯性，坚持边缘平衡的思想和理念，将企业内部的有序和外部环境的无序有机结合，动态平衡。新冠肺炎疫情有很多未知数，其变化是无序的；但是企业组织本身是稳定有序的。有序的企业要适应无序的环境，同时又要保留组织固有的有序状态，就需要在无序与有序的边缘找到平衡。比如企业不可能像教科书所说的，一开始就有明确的战略目标；而应该根据环境变化，摸石头过河，有远见地逐步形成半固定式的战略趋向。比如线下门店在新冠肺炎疫情面前简直不堪一击，能不能改变商业模式，采用电商模式？等病毒过去，走向线上线下一体化模式。比如市场消费信心不足，能不能大力加强营销力度，下功夫拓展营销渠道？稻盛和夫在总结应对萧条的对策时，第一条就是全员营销，基本态度就是“当客户的仆人”，否则萧条期间获得订单简直是不可能的。当然我们还可以举出很多“比如”来，其基本精神就是面对危机级别的外部环境，企业必须战时紧急动员，既要适应环境的变化，尽可能抓住危机中可能的机会；又要从自身的有序资源和能力出发，力所能及，逐步升级，但不改变企业的主旋律。要各显神通，力图捕捉无序平衡的边缘，使企业在无序和有序之间保持微妙的平衡状态；才能在高度不确定性环境中，主动对企业本身进行创新和变革，以竞争姿态，突出重围，发展成长。

三、坚持管理转型

不畏风险是企业家的特点，但是从企业发展来看，在进攻的同时还需要防守，防守的目的是更好地进攻。管理是一种最好的防守。在新冠肺炎疫情爆发期间，尤其应该注意防守，加强企业管理，坚持管理转型和创新。有资料表明，在企业成长遭遇逆境的过程中，因管理基础构架存在较为严重的短板，中小企业比大型企业面临的风险更大，更容易一夜间就突然谢幕出局。因此，中小企业要认真诊断自己的基础管理架构，在危机时期，尤其不能大意。目前企业迫切需要解决的主要管理问题是现金和员工两个不足。有的企业有利润无现金，经营困难，问题较大。现金不足既与外部经营环境有关，也与内部管理缺失有关。从内部管理来看，需要加强资金管理，建立有效的责任和激励制度；同时要尽快复工，提高生产率，开源节流，减少应收款，减少库存；特别是坚持现金为王！与以往招工难不同，目前员工紧张主要是防止病毒感染而采取的各种隔离措施所致，具有短期性。有的企业采用居家办公等管理措施，有的企业则增加激励措施，鼓励员工突击加班。对企业来说，长期之策是通过管理升级和宣传，让员工主动思考危机中企业面临的困难和自己的责任，出点子，想办法，与企业共患难，提高劳动生产率。

这三个坚持的具体内容因企业不同而有所不同，真正做到很不容易，但是没有这些坚持，企业就不能彻底突围。不确定的是环境，确定的是自己，企业应该通过逆境来谋取更大的发展，成功突围了，企业就更有生命力了。伟大的企业往往在逆境中产生，我们希望疫情过后，又一批中国伟大的企业屹立于世界。

抗击疫情中的中小企业生存与突围之道

王永贵

首都经济贸易大学副校长，教授、博士生导师。国家杰出青年科学基金获得者，教育部长江学者特聘教授，国家“万人计划”领军人才。中国企业管理研究会副理事长，教育部工商管理类专业教学指导委员会委员。

抗击疫情之际，每一天每一点的变化都牵动着亿万人的心。在举国上下众志成城打赢疫情防控战不断传来各种消息的同时，餐饮、酒店、旅游、娱乐、零售等行业的企业生存也开始吸引社会各界的关注——有关中小企业生存的担忧逐渐显现开来。

本次突如其来的疫情，彻底打乱了许多企业的发展节奏和生存战略，中小企业更是首当其冲。中小企业的生存问题成为下一阶段不可忽视的又一场“攻坚战”。实际上，本次疫情应对是一次全方位的应对，既涉及令人揪心揪肺的短期应急目标，也涉及中期和长期目标；既包括对人民生命安全的防护，对企业生命的保护也不容忽视，它关系到我们每个人的日常生活和整个社会的稳定。

从某种意义上讲，本次疫情也是对我国中小企业战略转型和创新变革能力及其效果的一次检阅，如何化危机为商机以求得生存和发展是每个中小企业主必须思考和面对的共同难题。

首先，中小企业主迫切需要战胜恐惧，调整心态，在危机中识别机会，在机遇中认识挑战，做好市场，进行创新。正如彼得·德鲁克先生所指出的，企业有且只有两个职能：一是市场营销，二是创新。在创新颠覆时代的今天，这表现得更为突出。回顾近来的实际情况，退票改签、延期开工等一系列疫情防控措施，以及不聚会、少出门、戴口罩、勤洗手等一系列生活方式的改变，几乎改变了所有中国人的消费方式，这就迫切需要中小企业主做到以下几点：

（1）思考“战略转型”。认真洞察疫情前后乃至未来一段时间的市场变化及其趋势，进而反思自己的业务范围和经营战略，乃至商业模式，快速地做出反应，而不要因为原来业务的断崖式下跌而失望或气馁，中小企业主必须进行全面的自救并做出全面的战略调整。回顾中外企业的发展历程不难发现：成功的总是那些能够持续地洞察环境变化，确保自己的经营战略跟外部环境动态匹配的企业。

（2）挖掘“利基市场”。充分利用船小好掉头的优势，充分挖掘和利用在疫情防控相关市场中所涌现出的新机会，在深入理解顾客需求和做好产品与服务创新的基础上，精心地在新的业务领域寻找和创造市场机会，找到一片新的蓝海或新的利基市场。最近，网络上异常活跃的医疗相关物资供求信息、日常消费品的创新信息，以及网络教学和网络办公的软件（平台）推广等，实际上就反映了这样的趋势。

（3）融入“指尖帝国”。充分认识和研究目标顾客在疫情抗击中所表现出来的新的消费需求和消费模式，在企业原有数字化转型基础上，适应消费者基于智能手机的购买大趋势——指尖上的商业帝国，大力拓展和创新企业的线上业务，快速调整甚至重塑企业的整条价值链，对包括设计、采购、制造、物流、市场、销售、人力资源等在内的各个环节所存在的数字化转型机会进行挖掘。

（4）挖潜蓄势。充分认识本次疫情对企业各方面所产生的挑战和机遇，抓紧机会，苦练内功，充分挖掘内部潜力，特别是成本节约潜力和快速的市场响应潜力，以期在立于不败之地的同时，不断积蓄力量，努力把握本次疫情市场挤压所带来的重新洗牌的机遇和疫情之后必将出现的“狂热消费”潮，在特定的细分市场上谋求更有利的市场地位。

其次，中小企业主迫切需要转变自己的经营理念和经营哲学，探索协同制胜和价值共创的新模式、新途径，以呼应当前价值共创时代和协同制胜时代的新要求。实际上，上述趋势自21世纪初就已经逐渐显现出来并形成了席卷全球的大趋势。本次疫情则促使更多的企业家和管理者基于本企业内忧外患的挑战和压力而不得不正视并加速这一经营哲学的转型步伐。

（1）切忌把利润或赚钱作为企业的首要目标，避免跟员工和其他的利益相关者形成对抗。

（2）积极实施人本管理，努力探索柔性办公模式，激发员工和管理者的斗志和智慧，在公司内部形成跟员工和管理者众志成城共克难关的共识和氛围。

（3）思考和尝试利益共享机制，让员工在企业的发展长河中有更大的获得感和使命感。正如彼得·德鲁克所指出的，企业之所以要存在，是为了创造市场和满足市场。在体验经济时代和数字时代来临的今天，与顾客、与员工、与合作伙伴的价值共创已成为众多企业存在和成长的关键战略。实际上，如果能够把举国上下在本次疫情防控中所展现出来的众志成城、同舟共济、共克难关的氛围和决心，成功地转化为本企业的氛围和文化，相信企业必将在市场竞争中迎来强大的战斗力和竞争力。

最后，中小企业主也迫切需要实时了解和充分利用国家和地区（包括企业生态系统中的其他利益相关者，如平台等）在疫情防控时期所发布的各项优惠政策，以解本企业的燃眉之急。我注意到，苏州已经率先出台了重磅文件——支持中小企业共渡难关的 10 条政策；北京出台的 19 项重磅措施支持打好疫情防控阻击战的文件中也涵盖了支持企业发展的相关举措。相信，未来各部委和地区也必将不断出台一系列支持举措。当然，国家和各级政府部门也需要持续不断地调研和了解中小企业主在实际经营中所面临的困境和挑战，提高相关支持政策的科学性、有效性和应对性。

再次向战斗在疫情防控第一线的医护人员和同志们致敬！！中国加油！！

正视疫情，找准中小企业突围之道

魏农建

教授，博士生导师。曾任上海对外经贸大学工商管理学院院长，教育部国家级特色专业工商管理专业负责人，上海市教委重点学科产业经济学学科带头人。现任上海市社联第七届委员会委员，上海市MBA教指委副主任。主要研究领域：营销管理、产业经济、品牌战略、零售业营销等。

何谓突围？特指打破当前困境、摆脱某种约束的行为，目的是寻求新的出路。德国哲学家赫尔德（Johann Gottfried Herder）说过："现实并不是通过普遍的、永恒的、客观的、不变的规律得到认识的。"突如其来的新冠肺炎疫情，这一极大的不确定事件，让中国所有企业直接经受着各种考验，疫情不仅检验着企业的应变能力，也直接让企业整个管理系统的优劣暴露在光天化日之下。其中，中小企业由于其自身规模和市场影响力较小，对重大疫情的抗冲击能力势必弱于大企业。首当其冲的如消费类企业，让原本可以在这个中国人最重要的春节假期赚得盆满钵满的商业惨遭打击。而“严防死守”政策下企业迟迟不能开工所带来的损失，更是让各类生产企业苦不堪言。所以，如何克服弱点，发挥优势，直接考验和检验着中小企业领导者的眼光和眼界、定力和抱负！

整体来看，面对疫情导致的市场重压，中小企业要冷静、静心。如果你的企业原本就是艰难维持，在如此重压下，不如关停经营（生产线），重新找方向，“没有非典就没有淘宝”的故事想必大家不陌生；如果你的企业原本就处于转型思考中，那么现在就到了痛下决心的时候了，疫情让未来中小企业如何寻求在新的技术进步环境下的市场机会更加显性化；如果你的企业市场前景不错，此时只需要坚定信心，修炼内功，耐心等待。中国中小企业的平均寿命仅2.5年，所以，疫情中的中小企业考虑的重点是：如何化危为机！

第一，当前中小企业亟须要做的，就是充分利用企业文化优势，让全体员工明明白白知晓企业的处境，明确企业的困难所在，取得高度一致的内部共识。企业只有在志同道合的环境中才能够齐心协力克艰渡难！这其中，员工的信任和支持，人心的相向，是企业能够在困境中生存下去的唯一源泉。企业领导层要明确，在现代社会的运行中，人的作用和地位越来越重要与突出，日益成为科技创新和企业创新、发展的主体。从作用看企业员工将转为管理制度的提出、改进、制定者，同时作为制度的执行者；从地位看企业员工已经成为与科技、资本等同样的价值共创者。因此人的个性和人心的有效掌握与合理引导，让其成为与企业合二为一的命运共同体，在面临重大突发事件时显得尤为重要和迫切。近年来基于量子化的微观粒子运动是分立的事实而正在逐渐形成的量子管理对个体的关注，表明个体与组织的关系正在发生变化，企业整个管理机制的核心就在于激活每个人的价值，释放各种能量。企业要利用这个时期的特殊性，做实管理文化的优化。

第二，虽然中小企业规模小抗压能力弱，但同时存在着“船小好掉头”的优势。所以，企业要静下心来仔细想想自己要做些什么：你可以仔细审视企业战略方向——是否需要进行调整；你可以重点审视应对突发事件的企业管理体系的不足——是否需要健全风险机制；你可以以柔性组织的要求检测并调整产品线、调整经营手段和经营内容——将疫情带来的损失尽可能地降低！此外，全体员工的集思广益，在及时开发一些即时市场效应明显的产品和销售手段的基础上，保持一定的现金流量，也是渡过难关的可选方案。

当然，企业更要知道现在应该做些什么：在及时梳理业务的基础上，要尽可能早地通过相关途径，读懂用好国家对疫情处理的各种政策，尽快申请减免税、减租金，以及获得各类优惠贷款，保障企业经营的顺畅。

第三，需要指出的是，在目前不确定的困境中，企业更要爱惜自己的“羽毛”，强化内部治理，更加注重品牌建设和企业形象维护，不要贪图一时的暴利，要避免任何损害企业长期利益的短期行为发生。中国商道历来有厚德载物之传统，越是重大疫情面前，越是要坚定企业长期利益维护的信心，以此建筑起厚实的企业顾客群。

雪莱说过："冬天已经来临，春天还会远吗?"在党中央的坚定领导和直接指挥下，新冠肺炎疫情已经得到了初步遏制，忙乱的局面已经消失，各项工作开始步入正轨，随着全国人民的齐心协力，离病毒被彻底消灭的日子不远了。此时此刻，中小企业以各种可能的方式、路径和手段挺住，是目前应该做的也是唯一能够做的事情。

中小企业不要过度恐慌！

赵向阳

北京师范大学经济与工商管理学院副教授。研究领域：创新创业、全球商务、管理哲学、案例教学等。

不同于缓慢降临的经济萧条，2020 年初的这场新冠肺炎疫情一夜之间让中国的社会经济生活陷入了速冻模式，几乎停摆。

微信朋友圈里所传播的一些企业经营类的文章，例如，《稻盛和夫致敬中国企业：把萧条看作再发展的飞跃台，我的五项对策》，有一定的参考价值，但是，不一定能很好地解决中国中小企业当前面临的危机，因为他讲的是在日本长达 10 多年的泡沫经济破灭之后的企业突围经验，而且京瓷公司有世界顶尖的技术储备。

面对不确定的未来，首先需要有大致清晰的方向感和对危机严重程度的判断，以此来决定应对策略。我个人认为，疫情在 2 月下旬应该会被控制住，但是消费者信心的回暖需要到 4 月底左右才能恢复。对于绝大多数中小企业主来说，必须死扛两三个月。在此期间，不要过于惊慌失措，乱了阵脚，自己吓唬自己。心理学研究表明，应激反应既可以帮助人快速摆脱危险，也可能让人产生木僵、痉挛等躯体反应，以及思维和行为混乱。个人如此，企业经营亦如此！关键时刻，一着不慎满盘皆输。

“祸兮，福之所倚；福兮，祸之所伏”。我个人认为，此次疫情会大大加速中国企业的转型升级，倒逼企业苦练内功。从组织生态学的视角来讲，不要为每一个死掉的中小企业流泪，这不符合优胜劣汰的市场经济规律。塔勒布在《反脆弱》里面鲜明地提出了一个观点：宏观经济层面上的反脆弱性建立在微观企业层面的脆弱性的基础之上。

中国中小企业严重缺乏危机管理意识，因为好日子过得太久了。我对中餐龙头企业西贝莜面村一直很喜欢，很欣赏贾国龙先生的经营理念，包括以客户为导向的极致的菜品开发，重视与骨干员工分享企业成长的利润，拒绝风险投资，坚决不上市等。但是，此次疫情爆发以后，第一个站出来求助的恰恰是贾国龙先生，而且说西贝的现金流只能支撑两三个月。这令我们这些企业研究者非常惊讶，其他中国中小企业的经营水平可想而知。

相反，日本企业因为经常面临地震、海啸、战乱、日美贸易战等，所以，有存钱的习惯，居安思危。稻盛和夫曾经说过，“即使京瓷七年不赚一分钱，企业也可以照样活下去”，因为京瓷有 7 000 亿日元左右的现金储备。另外，根据徐静波的《静说日本》讲，日本企业内部留存的现金几乎和日本每年的 GDP 一样多，目前已经高达 5 万亿美元左右。

华为是中国企业里面最具有危机意识的企业。《下一个倒下的会不会是华为》的作者田涛认为：“任正非长期信奉的就是‘活命哲学’。华为历经沧桑，磨难无数。一部华为发展史就是一部危机史、冬天史。任正非在 2001 年写下著名的《华为的冬天》，还曾在 2002 年写过《华为的红旗到底能打多久》，这表达的是企业家的强烈忧患意识，吐露的是真正的现实。长达十多年甚至更长时间，华为随时可能由于各种内外因素而垮掉。但也正是一个接一个的危机，使得华为永远不抱幻想，永远把明天当作‘倒下去’的那一天，所以才不断加强管理，不断进行文化和制度建设，不断开展组织变革，持续加大面向客户的技术创新和面向未来的研发投入，华为不仅活了下来，而且活得更强壮。”2019 年 8 月，在根本不缺钱的情况下，华为第一次面向国内发行了 300 亿元的企业债，以 4% 左右的利息借了大笔粮食，准备应对美国的打压和凛冬的降临。

总之，经过此次突发危机之后，我期待中国中小企业能很好地借鉴德国“隐形冠军”和日本“长寿企业”的一些经营理念，借鉴国内领先企业的宝贵经验，包括可持续经营，规模上适可而止（而非成长第一），专注主业，不做多元化，持续进行技术创新，任何时候企业内部至少留存够用半年的现金储备等。

以上这些观点好像站着说话不腰疼，又好像对一个濒临死亡的人讲养生之道。且慢下断语！事实上，只有廓清大的思路，才能举重若轻，忙而不乱。

除此之外，我给出几点短平快的建议，帮助中小企业应对当下危机。一般来说，企业家都是应对危机的高手，经常处理各种突发事件，企业家依靠自己的生存本能、直觉和实践智慧会想出更多更好的应对策略，而我的这些建议更多的是朋友式的叮嘱而已。

中小企业必须发挥“船小好调头”的优势，大胆突破某些制度约束条件，挖掘内部潜力，充分与相关利益方沟通，争取活下来。活下来才有一切！但是，一定要有道德底线，不能发国难财，不能靠卖伪劣“口罩”等求生存。宁可站着死，不能“诡”着活。

第一，防疫第一，这是底线！老板和骨干员工处于人际网络的中心，每天接触的人多，是最容易被传染的对象。如果自己被传染，企业就大概率玩完了。

第二，采用灵活用工的办法。给员工说明企业难处，在保证大部分员工就业的情况下，适当降薪，相信员工会共克时艰。这是一个真正考验劳资关系质量的时刻，那些牢骚满腹而走掉的人，本来就不是同一条船上的战友，不必惋惜。

第三，营销至上，全员营销。德鲁克说，“企业只有两个基本职能，营销和创新”。一定要想办法稳住现有客户。但是，对于个别利润低的产品线坚决关停，节省成本。即使不能面对面营销，也要通过各种其他有创意的方式进行全员营销，开发新的客户。比格比萨的创始人是我的朋友，危机一发生，我们就经常在微信里讨论应对策略。我建议他在微信朋友圈里做广告，因为这个时候大家天天在刷微信，而且在家吃腻了，希望叫外卖。进行大数据营销的时候，一定要把客户标签锁定在比格比萨店面数量最多的城市，例如，北京。同时，比萨的照片一定要拍摄得让人觉得馋涎欲滴，而且一定要能一键式下单，而不是先链接到美团或者饿了么，搜索半天之后客户很容易放弃，只有一键式下单才能降低顾客的购买门槛，提高销量。

第四，生产运营方面，以空间换时间，尽量拉大工作场所人与人之间的空间距离，采用在家办公、远程会议、两班倒等方式，尽量减少人际接触。多用手机和对讲机，多用企业微信或者钉钉，不要面对面沟通。例如，华为出台了非常详细的管理规则，如鼓励员工自带餐具和餐食，就餐的时候不允许面对面坐着等。

第五，各地政府正在紧锣密鼓地出台扶持中小企业的政策，其出台的速度甚至比社会舆论建议的速度还快，出台的政策也很具有地方和行业的针对性。建议企业指定专人负责研究政府的相关政策，用好用透。自助，然后天助。

最后一点，实在不行了，也别跑路，也别跳楼。生意可以失败，但人品不能出问题。公司倒闭了，不等于整个创业失败。只要有信誉，做一个连续型创业者，一切还可以从头来过。

图书在版编目（CIP）数据

逆势突围：56 位管理学家建言 / 王方华，席酉民主编 . -- 北京：中国人民大学出版社，2020. 3
ISBN 978-7-300-27953-4

Ⅰ. ①逆… Ⅱ. ①王… ②席… Ⅲ. ①企业管理 - 中国 - 文集 Ⅳ. ① F279.23-53

中国版本图书馆 CIP 数据核字（2020）第 028487 号

逆势突围：56 位管理学家建言
主编　王方华　席酉民
Nishi Tuwei: 56 Wei Guanlixuejia Jianyan

出版发行	中国人民大学出版社		
社　　址	北京中关村大街 31 号	邮政编码	100080
电　　话	010 - 62511242（总编室）		010 - 62511770（质管部）
	010 - 82501766（邮购部）		010 - 62514148（门市部）
	010 - 62515195（发行公司）		010 - 62515275（盗版举报）
网　　址	http://www.crup.com.cn		
经　　销	新华书店		
印　　刷	北京联兴盛业印刷股份有限公司		
规　　格	140mm × 210mm　32 开本	版　　次	2020 年 3 月第 1 版
印　　张	10	印　　次	2020 年 3 月第 2 次印刷
字　　数	194 000	定　　价	39.00 元